海阔潮平 风帆正扬

粤港澳大湾区产业探究

焦捷　万军
韦政伟　赖致远
著

清華大學出版社
北京

内 容 简 介

本书源自焦捷教授自2016年初开始在清华大学经济管理学院为MBA学生开设的一门系列课程“知行合一·产业探究——中国产业发展及企业竞争力提升”，目前此系列课程已成为一门历经锤炼的精品课程。

本书是在《粤港澳大湾区发展规划纲要》出台三周年之际，基于“知行合一·再探珠三角”课程，深度调研、解析粤港澳大湾区的七家案例企业及机构，总结中国管理实践的成果之作。本书在探究中国企业管理理论方法的基础上，还在经济管理教育方面提供探索。

本书的读者对象包括战略管理领域的专家、学者、在校大学生以及所有对中国企业管理有兴趣的读者。

图书在版编目(CIP)数据

海阔潮平　风帆正扬：粤港澳大湾区产业探究 / 焦捷等著．—北京：清华大学出版社，2023.6
ISBN 978-7-302-63757-8

Ⅰ．①海…　Ⅱ．①焦…　Ⅲ．①产业发展－研究报告－广东、香港、澳门　Ⅳ．① F269.276.5

中国国家版本馆CIP数据核字(2023)第101707号

责任编辑： 杜　星
封面设计： 汉风唐韵
版式设计： 方加青
责任校对： 王荣静
责任印制： 宋　林

出版发行： 清华大学出版社
网　　址： http://www.tup.com.cn，http://www.wqbook.com
地　　址： 北京清华大学学研大厦A座　　**邮　　编：** 100084
社 总 机： 010-83470000　　**邮　　购：** 010-62786544
投稿与读者服务： 010-62776969，c-service@tup.tsinghua.edu.cn
质 量 反 馈： 010-62772015，zhiliang@tup.tsinghua.edu.cn
印 装 者： 北京嘉实印刷有限公司
经　　销： 全国新华书店
开　　本： 170 mm×240 mm　　**印　　张：** 12.5　　**插　　页：** 6　　**字　　数：** 155千字
版　　次： 2023年7月第1版　　**印　　次：** 2023年7月第1次印刷
定　　价： 128.00元

产品编号：100374-01

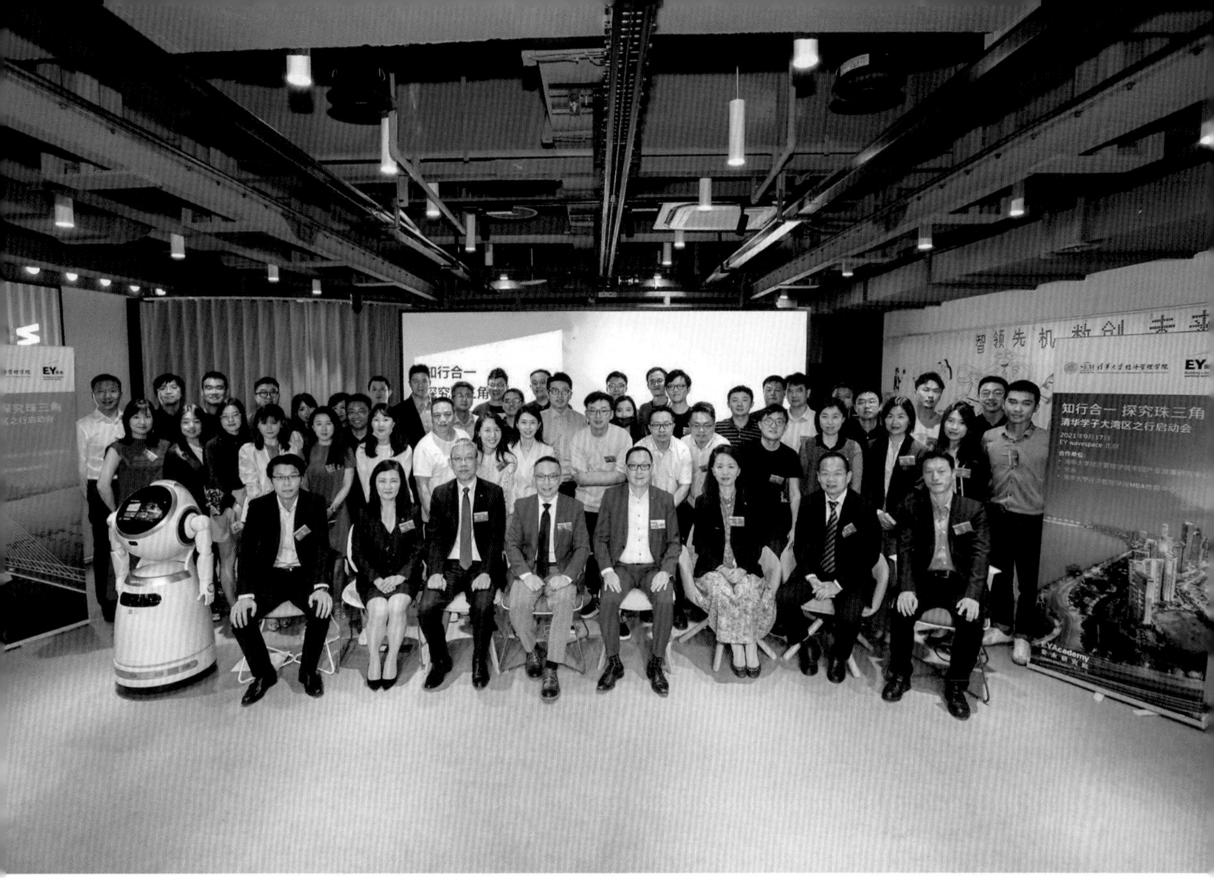
知行合一 探究珠三角
清华学子大湾区之行启动会
2021年9月17日

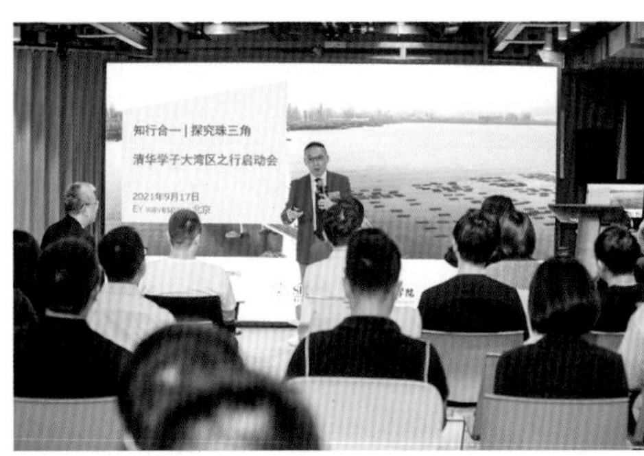

知行合一 | 探究珠三角
清华学子大湾区之行启动会
2021年9月17日

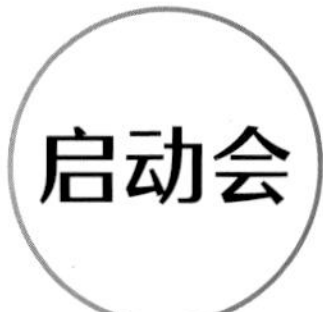

启动会

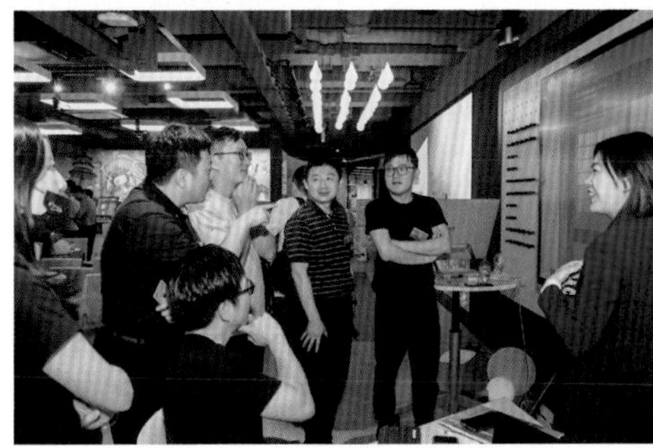

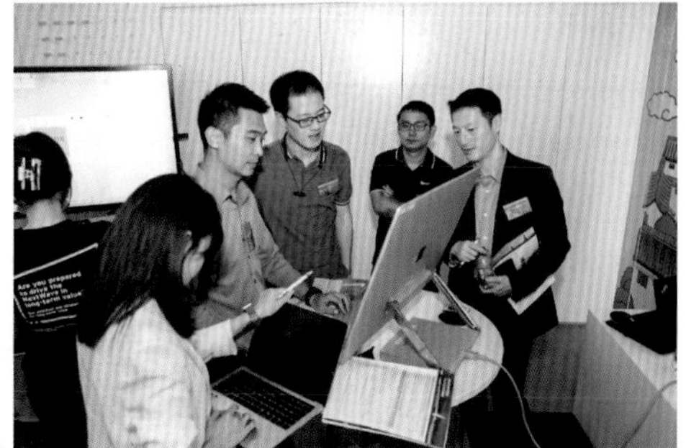

中兴

热烈欢迎清华经管学院《知行合一、探究珠三角》课程师生一行
莅临中兴通讯！
ZTE
中兴通讯股份有限公司
ZTE CORPORATION
SEM
MBA
知行合一、产业探究——清华MBA珠三角行

进军通讯 自主创新
ENTERING THE TELECOM INDUSTRY AND CONDUCTING SELF-INNOVATION
ZTE中兴

ZTE中兴
热烈欢迎清华经管学院
《知行合一、探究珠三角》课程师生一行
莅临中兴通讯

Tencent 腾讯
SEM MBA 知行合一、产业探究——清华MBA珠三角行

腾讯

前海

前海
SEM
MBA
知行合一、产业探究——清华MBA珠三角行

依托香港 服务内地 面向世界
把前海打造成为最浓缩最精华的核心引擎

liby立白集团
健康幸福每一家
立信厅
CREDIBILITY HALL
听党话
跟党走

liby立白集团
立白集团
数字化转型介绍

liby立白集团
《立白数字化营销》
王玉存

华星光电
SEM
清华经管学院
MBA
知行合一、产业探究——清华MBA珠三角行

航盛

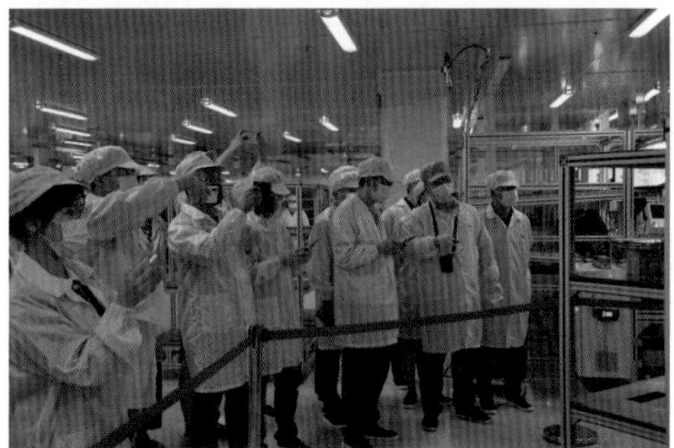

vivo

SEM
MBA
知行合一、产业探究——清华MBA珠三角行
vivo

60Hz
1-120Hz LTPO

Q5

总结会

序言
PREFACE

“知行合一”这一词语，字面上取自明代儒学大家王守仁的“心即理”之说。所谓“知”是指道德意识，“行”是指内心世界的道德修养。所以古人的“知行合一”是强调道德意识和道德修养的相关性，即道德观念和道德修养紧密结合。而目前我们开设的“知行合一·产业探究——中国产业发展及企业竞争力提升”（简称“知行合一·产业探究”）课程所提到的“知行合一”，则更多赋予了其现代含义：将认识与实践紧密结合。清华大学经济管理学院 MBA 学生对中国企业管理理论与实践的认识，既可以从前人间接经验的“知”中获得，又可以通过亲身实践的“行”中去获取、验证，“行”同样是重要的学习过程。同学们通过持续不断地“知行”学习，全面提升自身对中国企业管理理论与实践的深刻认识，既有利于培养国际胜任力的领导者，又能为国有资产管理实践提供理论借鉴与支持。

正是本着这样的初衷，我们于 2016 年开设了“知行合一·产业探究——中国产业发展及企业竞争力提升”系列课程，由我担任课程责任教师。课程旨在促进 MBA 学生在调研实践中了解中国主要经济区域的发展现状，深入思考其面临的挑战与机遇、破局和发展等重要问题，尝试寻找实现产业转型、升级换代、提升国际竞争力的各种途径，在理论与实践相结合中发现问题、思考问题、解决问题，以期能够学有所获、学以致用。继首探珠三角、探究内蒙古、探究长三角、探究西南、探究东北、探究山东、探究云贵之后，这一系列课程已遍历八大板块、九次探访调研，如今，“知行合一·产业探究”已成为一门历经多年锤炼的精品课程，开设迄今，大批清华 MBA 学生“读万卷书，行万里路”，走访、调研了中国极具特色发展区域中的龙头产业及龙头企业。

珠三角地区是中国改革开放的桥头堡，中国不同类型的产业、不同企业的不同发展阶段在珠三角地区均有典型代表，在粤港澳大湾区发展规划中处于领先地位，了解珠三角企业有助于掌握中国产业发展的概貌。2019 年 2 月，中共中央、国务院印发了《粤港澳大湾区发展规划纲要》（简称“纲要”），战略性地将大湾区定位为“充满活力的世界级城市群”“具有全球影响力的国际科技创新中心”“‘一带一路’建设的重要支撑”“内地与港澳深度合作示范区”“宜居、宜业、宜游的优质生活圈”。

结合《纲要》的战略定位和珠三角地区的产业现状，2021 年 10 月 18—22 日，“知行合一·产业探究”系列课程之再探珠三角的企业实践学习环节在深圳、东莞、广州等地开展。清华 MBA 师生一行先后参访了深圳、东莞、广州三地最具代表性的多家企业及自贸园区，调研对象涵盖通信电子、消费业、物流运输、高端制造业等产业的代表性企业和前海自贸区管理局等政府机构。

时隔五年，清华经管学院 MBA“知行合一·产业探究”课程再次深入珠三角进行调研，是在推进粤港澳大湾区建设的国家战略背景下开展的，极具现实意义。在“知行合一·产业探究”课程深入调研的基础上，清华大学国有资产管理研究院组织团队创作成书。

这是一部充分实现课程目标的案例之集。这本书基于“知行合一·再探珠三角”课程七家案例企业和机构组织的实际调研，达成了预先设定的几个关键目标：“印证了想法”，各领域企业的实践进一步印证了管理发展的趋势，即由过去的生产端、供给端为导向，全面转变为以消费者驱动为导向的商业模式创新；“澄清了认识”，例如，通过参访前海自贸区，深度了解国家层面对于前海与香港的区位发展定位要求；“提升了方法”，在课程中导师们为同学们讲解了大量实用的分析方法、理念和工具；“引发了思考”，作为中国最具经济发展活力的区域，珠三角地区的企业一直引领产业发展，并引发管理学者的思考，例如，腾讯公司的案例篇章，阐释了这家行业巨头公司围绕战略性资源，保持平台战略核心竞争力的持续努力和前瞻性布局。

同时，这还是一部深度调研企业管理实践的成果之作。粤港澳大湾区企业具有鲜明的特色，其走过的发展之路、蕴藏的管理之道，都值得思考总结，在《粤港澳大湾区发展规划纲要》出台 3 周年之际，深入粤港澳大湾区进行调研、解析，也成为清华大学国有资产管理研究院加深探索、研究中国企业管理实践的又一重要调研成果。此次再探珠三角的企业实践学习课程，将 MBA 学生课堂上的书本知识，紧密结合于实践调研，以直接经验补充间接经验，促发了他们对大量企业鲜活案例、实际问题的深度理解和认识，开阔了视野，丰富了管理实践，在此基础上总结出的研究成果更有现实价值与指导意义。

而且，这也是一部关于中国企业管理理论方法的探索之书。以“知行合一·产业探究”的参访实践与调查研究为基础，书中选取了七家在粤港澳大湾区颇具代表性的企业与机构作为典型案例，这些企业的发展道路是新时代粤港澳大湾区深化改革的缩影，它们也折射出

“十四五”规划开局之年国家区域战略的宏观背景。书中对这些企业的成功之路、存在的问题进行了深入的思考总结，作出了细致的探究剖析，得出的研究结论虽不是包治百病的“灵丹妙药”，也不一定存在一成不变的固定模式可循，但仍然具有一些共同特点可供借鉴。这些共同特点既有共同遵循的企业精神禀赋，如 vivo 拓展市场的本分精神、航盛长期坚守主业的专一韧性等，又有共通可鉴的企业管理方法，如中兴通讯应对危机采用“双元理论”、TCL 华星光电逆袭发展运用“和合思想”等，借鉴之处何止一二。未来，清华大学国有资产管理研究院还将不断探究我国不同经济战略区域的国有企业现状，进一步将国有资产的管理实践与理论相结合，摸索出适合我国国情的国有资产管理方法和国有企业治理之道。

最后，这也是一部探索经济管理的教育之书。清华 MBA 学生通过走访调研，亲历实践，从产业发展角度探讨总结了珠三角乃至大湾区地区产业的发展之道、企业的创新之路，深入理解、努力探索中国企业实情与产业发展动态，有助于推动清华经管学院的管理教学实践，未来以更高的要求，培养具有综合能力的跨学科、复合型人才，实现跻身世界一流经济管理学院的培养目标。

2021 年 4 月，习近平总书记考察清华大学时强调：“我国高等教育要立足中华民族伟大复兴战略全局和世界百年未有之大变局，心怀‘国之大者’，把握大势，敢于担当，善于作为，为服务国家富强、民族复兴、人民幸福贡献力量。”清华经管学院 MBA“知行合一·产业探究”课程旨在走出校园，考察我国经济发展的重要战略区域。在深入调研学习中，我们引导学生不断澄清想法、印证观点、加深思考。这样的实践课程正是为中国经济发展、产业提升做出力所能及的贡献，是践行习总书记“我们要建设的世界一流大学是中国特色社会主义的一流大学”的期许，这也正是这本书写作的一个重要立意。在本书创作尾声和出版之时，正值党的“二十大”、2023 年全国“两会”先后召开之际，全国经济正呈现出欣欣向荣的新发展态势，党中央对于央企、国企以及各类企业和机构提出了新要求、新期盼。本书的付梓恰逢其时。粤港澳大湾区作为全国改革开放的兴旺之地，即将迎来高质量发展的新征程。海阔潮平云霞蔚，征鼓擂响千帆扬！我们期待大湾区的企业以更加奋进的姿态扬帆起航，驶向未来！

2023 年春　焦捷　于清华园

前言
FOREWORD

本书源自我本人作为主讲教授自2016年年初开始在清华大学经济管理学院为工商管理硕士（Master of Business Administration，MBA）同学开设的一门系列课程“知行合一·产业探究——中国产业发展及企业竞争力提升”。正如课程名字所言，该课程强调理论与实践相结合，以课前企业尽调、企业实地调研、企业讲堂授课、实践导师交流训练、经济发展研讨会或论坛相结合的方式，先后选择了中国几个主要经济发展板块（川渝地区、珠三角地区、长三角地区、东北地区、内蒙古地区、云南贵州地区、华东地区、中原地区等），对其中的能源、交通、农业、高端制造、互联网、金融、基础设施建设、汽车制造、电子信息、通信服务、食品生产、生物医药、航空服务等重点行业中的共85家重点企业或机构进行了深入学习和探究。

时代的发展、产业的竞争，对于高校经济管理学院的人才培养模式提出了更高更新的要求。而教授以导师（mentor）或“教练”（coach）的身份、以知行合一的方式，把传统概念上的“课堂”搬到一个个具体的产业和企业中，引导同学们学习、思考、行动，以形成对当前中国产业及企业发展现状的第一手的、全面充分的了解，共同研讨提升产业和企业竞争力的策略，这本身就是一个大胆而有益的“知行合一”的教学探索。课程效果无疑是显著的。课程开设迄今，大批清华 MBA 学生“读万卷书，行万里路”，依次走访、调研了中国几个重点发展区域中独具特色的产业及代表性企业与机构。经过 7 年多的时间，这一系列课程已遍历国家重要的经济发展板块、共九次探访调研。如今，“知行合一 • 产业探究”已成为一门历经锤炼的精品课程。

2016 年 1 月，该课程的第一站就曾经选择了珠三角地区，当时同学们参观了深圳市腾讯计算机系统有限公司（以下简称腾讯）、珠海格力电器股份有限公司等著名企业，收益颇丰。时隔 6 年，在国际形势风云变幻、国内经济蓄力待发的关键时点，“知行合一 • 产业探究”系列课程将视野再次投向了中国这一极富创新活力的经济战略区域。

大约 3 年前的 2019 年 2 月 18 日，《粤港澳大湾区发展规划纲要》正式公布，粤港澳大湾区的建设开始进入全面实施阶段。3 年时光在历史长河中不过是弹指一挥间。然而，回首这短暂的 3 年，我们不难发现，自《粤港澳大湾区发展规划纲要》公布以来，大湾区坚持创新驱动的发展战略，创新创业平台如雨后春笋般快速建立、不断发展。大湾区产业蓬勃发展，企业充满活力，一幅灿烂的图景正徐徐展开。

也许正是这幅图景吸引了清华的莘莘学子。2021 年 10 月，在秋色正浓的季节，师生们踏上了“再探珠三角”的行程。

清晨，深圳前海湾。朝阳初升，海天之际丹霞万里，海水被染成玫瑰红，远近景象瑰丽廓大。海风阵阵袭来，浪潮微微涌动，显出勃勃生机。此刻，晨跑的清华 MBA 学子们顾不上昨日繁忙的调研任务，三两成群，利用间歇，不时讨论着、思考着，深挖企业精神文化的灵魂，探究企业制胜之道的关键……这是学子们 7 年多以来参与“知行合一·产业探究”课程养成的在健身中勤思好学的习惯。此次课程，他们以问题为导向，深入大湾区，带着问题进行调研，探访了深圳、广州等颇具代表性的七家企业与机构：腾讯、深圳市航盛电子股份有限公司（以下简称航盛电子）、前海管理局、中兴通讯股份有限公司（以下简称中兴通讯）、TCL 华星光电技术有限公司（以下简称 TCL 华星光电）、维沃移动通信有限公司（以下简称 vivo）、广州立白企业集团有限公司（以下简称立白），解析现实案例，收获良多。同时，这些企业折射出大湾区新时代发展的矫健步伐，让学子们仿佛看到大湾区人搏击风浪之后的再启航，听到他们在新征程中昂扬奋进所发出的最强音。

归来之后，征尘犹未洗，重任不息肩。针对大湾区这些企业的发展概况、成功之道及存在问题，我们清华大学国有资产管理研究院组织创作团队，进一步收集大量资料，发扬钩沉索隐的探索精神，进行了深入的分析研究、思想探索，并将初步研究成果集结成书，撰著了这本《海阔潮平 风帆正扬——粤港澳大湾区产业探究》。面对千差万别的企业实践，我们从多个方面考察企业的管理发展之道，包括战略发展、组织韧性、统筹协同、转型突破等。

本书按照企业调研顺序，分为七篇。第一篇叙述巨型互联网企业腾讯以产品文化、开放价值改变消费互联网行业生态并向产业互联网进军的历程，阐述其把握行业发展大势、推进产品平台战略的理论与实践。第二篇描述汽车电子行业国内翘楚航盛电子专一韧性的企业精神气质，探究中小企业“韧性、内化、借势”的聚焦战略模型。第三篇通过介绍前海自贸区的发展历程、区域定位及主要功能，解构其资源禀赋、宏观环境、区域关系协同演化的“三位一体”模型。第四篇描绘中兴通讯立足自主创新、稳步推进国际化战略、突破技术封锁、浴火重生以产业报国的风雨历程，着重阐述其运用双元思维擘画企业发展战略的逻辑。第五篇探讨 TCL 华星光电采用“和合”“因借”的思想，对内对外推动差异迭代、竞争融合与共生发展，最终实现“突围逆袭”的企业战略。第六篇刻画 vivo 坚守“本分”品牌文化的企业基本特质，阐述其在把握消费升级趋势的过程中，构筑“四力”、先稳后功的“不可胜”战略。第七篇论述立白在日化产业以“世界名牌，百年立白”为愿景的艰难发展历程中，克服“优势陷阱”和“核心刚性”，通过数字化转型全方位改造传统企业、重塑优秀品牌的战略实践与理论。

本书创作前后正处在国内外风险挑战明显增多的时期。一方面，当前我国经济发展面临需求收缩、供给冲击、预期转弱等多重压力，疫情之下持续面临新的风险挑战，经济下行压力很大。另一方面，国际形势风云激荡，受俄乌冲突等因素影响，近期全球能源市场震荡加剧，逆全球化更使之雪上加霜，同时全球疫情形势仍不容乐观，外部环境日趋复杂严峻。在当前国内外形势剧烈变化的关键节点，中国各地区、各产业都面临着进一步提升经济和突破困局的新挑战、新要求。中国产业和中国企业的发展现状如何？面临着何种机遇和挑战？在发展新阶段如何实现产业转型、升级换代？如何在国际市场上进一步提升综合竞争力？

这要求我们认真审视问题，不断深入思考，透彻理解习近平新时代中国特色社会主义思想，充分结合习近平经济思想，通过知行合一的理论与实践，探究中国企业经营管理、战略发展、破局前行的理论和方法。习近平总书记强调，构建新发展格局是一个系统工程，既要“操其要于上”，加强战略谋划和顶层设计，也要“分其详于下”，把握工作着力点。要善于运用改革思维和改革办法，统筹考虑短期应对和中长期发展，既要在战略上布好局，也要在关键处落好子。

本书认为，作为中国改革开放最具特色的区域，粤港澳大湾区已初步走上高质量发展轨道，大湾区的这些企业之所以获得成功、取得迅猛发展，正是因为它们能认清大势，从大处着眼，在发挥全面深化改革、构建新发展格局中起到了关键作用。同时，在推动改革向更深层次挺进的战略和执行层面，它们一如既往地表现出昂扬进取、百折不挠、勇立潮头的时代精神风貌。当然，在应对风险挑战过程中，大湾区企业也曾遭遇挫折、失利，本书也尝试探究其中的问题或隐忧，以备不虞，以供借鉴。

本书在探讨这些问题的过程中，形成了三个特点。一是内容源于实践与理论的结合，既有参访企业的现场调研与考察实践，又有基于实践的理论总结与提升，使得实践与理论环环相扣、相辅相成。二是实现了为企业和组织精准画像。本书中所记录和讨论的案例是大湾区的七家不同类型的企业或组织。它们并不都是“高大上”的巨型企业或组织，但是由于它们各具特色，因而得以以少见大、触类旁通，通过它们折射出大湾区乃至中国其他地区同类型、同行业的众多企业、组织的发展历程和共性特征。这也是我们当初在设计此次大湾区参访企业计划时的重要目的。相信很多企业家和管理者在阅读本书的过程中都能够找到自己所在单位的影子并得到启发。三是本书基于清华大学国有资产管理研究院的钻研探究，融合老师、专家、同学、校友、当地企业家的多方智慧，在战略管理特别是中国企业管理思维和管理模式等方面进行了大胆尝试和深入思考，以供广大读者参考、交流，有不确或不当之处，请予指正。

本书依托“知行合一·产业探究”系列课程，从参访调研到案例写作，经历了长时间的酝酿、研究、思考，也得到了各方面的关心、鼓励和支持，在此我们对清华大学经管学院 MBA 中心参与课程组织的老师、战略合作伙伴安永（中国）的专家和同事们、接待参访的单位的同志们深表感谢！同时也要感谢清华大学国有资产管理研究院的领导、同事及各位博士生助教、研究助理，还有积极参与课程并贡献智慧的几百名清华 MBA 同学们！时光荏苒，在 7 年多的时间里，“知行合一·产业探究”系列课程已经把大家连接成一个研讨和传承管理思想和智慧的平台。

旭日东升，大湾区海阔潮平；云蒸霞蔚，前海湾风帆正扬！“举长者可远见也，裁大者众之所比也”，巍然崛起的中国正以昂扬奋进的雄姿在全球化的大潮中逐浪前行。极目远方，海风推浪，而我们脚下这片创新的热土也正焕发出勃勃的生机与活力——大湾区正勇立潮头、蓄势待发！“知行合一”，满载着探究的收获与进步的喜悦，让我们所有人去倾听、去感受大湾区正发出的深沉有力的脉动，让我们全身心投入国家发展的事业洪流中！有幸在新时代为国家奉献自己的智慧与力量，这也是我们最好的机遇和最大的快乐。

2022 年 10 月 17 日

目录

CONTENTS

目　录

腾讯

谋势构平台　开放促共赢

深圳，中国经济特区，改革开放的桥头堡，粤港澳大湾区九大重镇之一，正以其独有的魅力，吸引着远方的学子。2021 年，腾讯公司成为师生此行到访的首站，随着 10 月 18 日上午调研活动的徐徐展开，也拉开了此次“再探珠三角”之行的序幕。在腾讯展厅，同学们参观了与微信、QQ 相关的产品业务。在一面曲面大屏前，腾讯文化维度的指导战略“腾讯新文创，打造中国文化符号”几个大字映入眼帘，带来震撼人心的沉浸式体验，令人真切感受到，“科技向善”探索者的昂扬进取精神势不可当。接下来，就让我们从不同角度出发，去勾画、重温腾讯历经风雨的成长历程，去探究、发掘腾讯不同凡响的成功之道吧。

一、腾讯 QQ：捷足先登，产品平台战略初占先机

QQ 是腾讯早期的爆款产品，岁月荏苒，自它诞生迄今，已度过了 24 个春秋。如今，网上常有一些回忆文章，称 QQ 这款产品几乎

成为“每个人的回忆”，QQ 农场、QQ 校园、QQ 空间、QQ 宠物等都仿佛是时光驿站的永久逗留。历经 20 余载光阴，人们早已将 QQ 视为充满人情色彩、和蔼可亲的社交软件。QQ 究竟有着怎样的前生后世与来龙去脉？一切还要追溯到 1984 年。当时，惠多网（FidoNet）作为一个可通过互联网电子邮件访问的简易公告板系统（bulletin board system，BBS）悄然问世，被称为“现代论坛的鼻祖”。惠多网论坛包含多个站点，多由网友自发组建。随着用户需求的发展变化，BBS 的功能也百卉千葩、日益丰富，从发送电子邮件到软件共享，人人都能在 BBS 上找到一席之地。1995 年，浏览器市场被激活，网络热潮迅速席卷全球，互联网吸引了中国创业者的关注，但真正“触网者”还只是少数人群。腾讯科技有限公司董事会主席、首席执行官（chief executive officer，CEO）马化腾当年对于“互联网”最初的了解，正来自惠多网。1998 年，他在深圳发起创办了腾讯公司。

腾讯抓住先发之机，打造 QQ 爆款产品。腾讯成立后，推出了即时通信软件“网络寻呼机”，QQ 的前身 OICQ 在互联网风起云涌之际应运而生。而这仅是一款“快速仿品”，模仿两年前美国在线（American Online，AOL）公司的即时通信产品 ICQ，由腾讯创始人张志东和马化腾及其团队设计开发并命名。由于 ICQ 是 AOL 公司注册商标，不允许 OICQ 中有“ICQ”字样，1999 年腾讯将 OICQ 正式更名为“QQ”。20 世纪 90 年代，“互联网”一词尚属于崭新概念，大众还在摸索学习“互联网是什么”“互联网能做什么”，在此初始阶段，腾讯已迅速开发出依托于互联网的应用软件 OICQ，洞烛先机，获得了先发优势。

当年 ICQ 被 AOL 公司收购以后，在美国及相关英语国家遭遇以微软的 MSN 和雅虎的 Yahoo 为首的同类软件竞争。MSN 凭借着与

Windows 操作系统的深度捆绑，Yahoo 则依托海量用户，各擅胜场，最终，ICQ 在竞争中败下阵来。同时，这也为即时通信软件在非英文地区的本土化提供了发展契机。腾讯恰好抓住这一机会，推出了其中最具代表性的产品 QQ，虽然后期 ICQ 推出中文服务，但为时已晚，中国市场已是 QQ 的天下。在很多国家，ICQ 都遭遇相似——它错失了全球化机会。20 世纪 90 年代，相对于我国其他区域，珠三角城市群经济更发达，人均收入更高，商业活动更频繁。特别是在网民数量上，1998 年中国上网用户 117.5 万人，其中 13.5 万人来自广东，占全国上网用户的 11.5%，仅次于北京位居全国第二。此外，珠三角地区政府也出台了各种优惠政策鼓励互联网产业发展。例如，促进国营电信企业和民营科技企业合作等。一系列区域优势为互联网产业的崛起创造了先行条件。

腾讯抓住了这些有利的环境条件，乘势而上，捷足先登，迅即取得先发战略的有利态势。一方面，在 OICQ 初期，以“高校地推活动”方式获客，即抢占各高校 BBS，迅速推广“上网理念”，布局业务；另一方面，强化与通信运营商的合作关系。例如，2000 年 8 月，腾讯与广东移动开展合作，得以走出创立初期的财务困境。

腾讯围绕 QQ 产品，推进平台战略。在那个年代，上网还是一件“高端的事”。网络寻呼机 OICQ，原本是囿于互联网的即时应用软件，仅拥有文字聊天功能。恰恰是马化腾及其腾讯，将当年上网这件“高端的事”，拉入了大众的社交平台，在客户定位和内容创新两方面聚力，贴近了广大消费者的内心需求。腾讯顺势围绕 QQ，构建起了产品平台战略。

在客户定位上，QQ 将目标瞄准年轻人、学生群体。他们朝气蓬勃，“玩味十足”，乐于尝试新鲜事物，同时也最具消费潜力。闪动头像、登录音、提示音、表情、生日祝福等一系列设计和功能，用于群体用户交流的 QQ 群，集信息交流和资源分享为一体的聊天室，极力展示用户个性的 QQ 秀，满足用户娱乐化需求的 QQ 宠物、QQ 游戏、QQ 音乐、QQ 影音等，融用户信息分享、个人情感宣泄、个性展示为一体的 QQ 空间等，腾讯不断深度发掘用户需求、优化体验。

在内容创新上，腾讯以丰富活泼的互动内容满足年轻人的即时社交需求。QQ 在使用功能上集中发力，形成适应这一特殊客户群体的私密与非主流两大特色。

隐私小秘密。“夏天夏天，悄悄过去，留下小秘密……”（歌曲《粉红色的回忆》），QQ 推出的一系列社交内容“承载了大多数人的青春”。2003 年，QQ 推出隐身登录功能，“上线便隐身”代表着当时为人所追捧的“高冷”个性，成为一代人美好韶华的回忆。2004 年，QQ 推出等级制，年轻人之间 QQ 等级的比拼成为茶余饭后的谈资，那时拥有一个“太阳”（QQ 等级标志）似乎就“高人一等”，一些用户为了快速提升 QQ 的等级，每天都会用计算机、QQ 安全管家挂载 QQ，甚至有用户开通了超级 QQ 以加快等级提升的速度。2006 年，QQ 推出 QQ 空间，“互踩空间”成为朋友间传递友谊的象征，在空间留言板上留下风靡一时的伤感文学，仿佛记录下了无悔青春的动人轨迹。

快乐非主流。“我独自听日子回荡，黑夜里凝视一点忧伤……”（歌曲《冬天快乐》），2008—2009 年对 QQ 的社交内容发展而言，是极富创意性的一年。“偷菜”火爆全网，无论是小孩还是成年人，打开电脑后的第一件事往往都是点开“QQ 农场”：鼠标“咔哒”，操作迅疾，好友的菜园便被“洗劫一空”。同学、同事相见，也常以“你今天偷菜了吗”作为问候语，“偷菜”的风靡可见一斑。2010 年被称为“非主流元年”，QQ 作为当时最流行的社交平台，成为承载非主流内容的重要媒介，无论是“葬爱家族”的彩色爆炸头，还是“请不要迷恋哥，哥只是一个传说”“谁若折我姐妹翅膀，我定毁她整个天堂”等空间语录，都成为“90后”“00后”难以忘怀的青春回忆。

客户与内容完美结合，好的产品平台吸引客户，犹如“鲜花着锦”。1998年9个月内，QQ前身OICQ的用户数量便激增至100万；2001年年初，QQ在线用户突破1000万，注册用户超过5000万；2008年，QQ的用户数量已逾4亿，无论是用户规模，还是用户活跃度，QQ在社交平台头把交椅的地位已难被撼动。2010年3月5日，QQ同时在线用户数超越1亿，成为全球首个单一应用、同时在线客户“过亿”的软件。至此，能超越QQ的只有腾讯自己，当年的初衷“创造有很多人用的产品”如今已家喻户晓。腾讯将QQ从一款即时通信工具中抽象出饱含温度的社交属性，赋予它浓浓的人情味，它才最终作为一款好的文化社交产品而深入人心。

腾讯产品平台战略背后是其对中国社交文化的深刻理解。腾讯洞察到，与欧美消费者相比，中国消费者有着独特的消费特点：更含蓄，更关心亲密关系群体，以亲密关系为主的即时通信工具更受欢迎。相比于国外ICQ产品，腾讯作为中国本土企业，对中国消费者的这一消费特点及其背后的“传统文化取向”与人文因素了解得更透彻。在纷繁复杂的技术背景下，腾讯准确抓住用户需求转变、消费升级的关键节点，感知消费者社交属性的细微变化，注重产品服务的人际交互性、沟通柔性，在社交属性上实现从“信息交流”到“情感共享”的升级，迅速实现“人与人连接”的进化。QQ这款划时代的社交产品从即时通信工具向功能更丰富的社交平台发展，集中体现出腾讯重视客户体验、体察客户需求的富有人文色彩的企业文化和经营理念。

马化腾将产品名称由“OICQ”改为“QQ”后，QQ作为模仿者，便远超它的“老师”——美国AOL公司的ICQ，成为中国乃至全世界最成功的软件之一。创业初期阶段，腾讯通过QQ社交产品，宣告了平台战略的初成。所谓“毁于彼者成于此”，在国内外激烈竞争中，腾讯既采取捷足先登的先发战略，又洞悉中国消费者需求与本土文化，强调内容至上，融汇科技与人文，创造了一个属于自身的业界奇迹。腾讯也仿佛一位成长中的少年，翩翩而来，青涩稚嫩，然而却朝气蓬勃，意气风发。

二、腾讯微信：后发先至，好产品极致融合大平台

“微信一直坚持底线，我们要做一个好的工具，可以陪伴人很多年的工具，在用户看来，这个工具就像他的一个老朋友。”腾讯公司高级副总裁张小龙在2019年微信公开课PRO“微信之夜”的演讲上，这样描述微信。张小龙与腾讯的相遇结缘，正值腾讯渐趋成熟的青年期：内心雄心勃勃，周遭风云变幻、挑战重重。如今看来，最可贵的是，腾讯在取得QQ产品上的巨大成功后，很快意识到，QQ不仅是一款好产品，它本身还是一个有效的平台。腾讯开始加大力度推行产品平台战略，依托平台形成跨越式发展。这需要一个更大的契机，欲速则不达，这个契机正是微信的到来。

（一）把握移动互联时代，打造升级大平台

凡事总有利有弊，互为消长。进入21世纪头10年，腾讯基于个人计算机（personal computer，PC）端的QQ业务慢慢呈现出疲态，发展遭遇瓶颈。人们使用手机的上网时长逐渐远超PC上网时间，而QQ虽然也有手机版，但其相对繁复的页面并不适配于手机端口；QQ

用户数量涨幅和产品使用时长均显疲态。同时，面向移动端的免费即时通信产品层出不穷：中国移动推出“飞信”，小米科技有限责任公司开发“米聊”，海外手机聊天软件 kik 则在 15 天内吸引百万用户，whatsApp Messenger 采用“手机号 + 验证码”的简单注册登录方式，日下载量可达一万次。2005 年人人网创立，2009 年新浪微博建成，定位同为“中国的大型社交平台”，腾讯 QQ 的发展日益面临压力和挑战。而且，日渐繁多的功能加入 QQ 后，甚至连腾讯员工都不甚了了，结果反而“推舟于陆”，劳而无功。

同时，中国网民结构也逐渐发生了变化，出现年龄“平均化”趋势。2000 年 7 月的《第六次中国互联网络发展状况统计报告》显示，我国上网用户人数约 1690 万，其中专线上网与拨号上网人数分别约为 258 万和 1176 万。除计算机外同时使用其他设备 (移动终端、信息家电) 上网的用户人数仅为 59 万。18~24 岁网民占据了 21 世纪初的网民大头，占比 46.77%；30 岁以下的青年网民占近八成（77.6%）。而根据 2011 年《第 28 次中国互联网络发展状况统计报告》：截至 2011 年 6 月底，我国网民总数达到 4.85 亿，互联网普及率为 36.2%，较 2010 年年底提高 1.9 个百分点。“低龄化”和“中老年化”并进发展：一方面，30 岁以上的中年乃至老年群体的网民占比增至 42%；另一方面，10~19 岁的年轻网民占比达到 26.0%。

伴随网民数量同步提升的，是手机网民的快速增长，并由此形成了“互联网”与“移动互联网”两个时代的历史分野。2010 年，苹果公司推出的 iPhone 4 掀起智能手机风潮，智能手机迅速普及，手机网民数量激增。根据中国互联网络信息中心 2010 年 7 月发布的《互联网络发展状况统计报告》，截至 2010 年 6 月我国网民规模达 4.2 亿，而其中的手机网民就达到 2.77 亿。此时，身处互联网应用前沿的腾讯早就敏锐觉察到，互联网业的发展正处在全球风云变幻之中，智能手机、移动互联时代已经来临。事实证明，移动互联的发展和爆发比预计的还要更快到来。2014 年 6 月，中国网民规模已经达 6.32 亿，其中，手机网民规模进一步提升到 5.27 亿。网民上网设备中，手机使用率达 83.4%，首次超越传统 PC 80.9% 的整体使用率。

风云激荡，暗潮涌动。进入移动互联时代后，互联网的消费者人群数量、构成均发生变化，何以破局？面临时代发展引起的消费者需求变化，针对激烈竞争导致的市场份额减少，马化腾认为，腾讯必须在社交产品这一平台战略上作出重要抉择，转变 QQ 的产品定位。QQ 时代“有很多人用”的产品已明确指向“把握青年人群体喜好”，而在移动互联时代，产品定位就要瞄准“全年龄层”，指向“男女老幼”，还要具有“一个老朋友”一般的亲和力。QQ 这一创造辉煌的产品亟须破局转型、涅槃重生。

目标既定，腾讯紧锣密鼓地行动起来。2010 年的一个深夜，张小龙及其团队用 2 个小时草拟出一份产品提案，以邮件形式发送给马化腾：市面上有个 Kik，应锁定跟进。马化腾迅速回复邮件表示同意，并要求把手机 QQ 团队也拉进来。此后，两个团队分别同时开发，这一局面被描述为充满竞争的“赛马”。马化腾曾在香港大学的追梦者（Dream Catchers）论坛上回忆了这段不寻常的经历：产品名称统一称作“微信”（WeChat），拔头筹者为胜。最终，研发 Foxmail 出身的张小龙广州团队折桂，“成都团队很失望，只差 1 个月”，而另有对手也在开发类似应用！这期间，所有高管都在试用、提问、反馈、修改……人人夜以继日，争分夺秒。2011 年 1 月 21 日，面向移动端的即时通信产品——微信问世，腾讯获得了移动互联网的船票！

此后历经 8 年多的快速发展，微信已成长为国内用户量最多的超级 App，据腾讯 2018 年公布的数据，微信及 WeChat 合并注册用户数高达 10.4 亿，绝大部分中国居民都是微信的用户，这是一个升级版的大平台！微信通过差异化竞争策略脱颖而出，并逐渐垄断了即时通信平台市场。

（二）大平台战略显成效，迈向高起点

腾讯的微信比飞信晚推出 4 年之久，甚至在某种程度上其名称都有所借鉴于飞信，那么它因何能后发先至，最终傲视即时通信产品市场呢？如果说，QQ 创世是马化腾“捷足先登”先发平台战略的一个成功范例，那么，微信诞生的后发先至是其“后发”大平台战略的深度思考，即产品平台战略不仅是打造好的产品，好产品更要主动依托高效的大平台。这意味着，腾讯的产品平台战略逐渐升级为大平台战略，其“好产品 + 大平台”的优势尽显。

其一，发挥好产品，强化体验，有的放矢。一方面，腾讯聚焦“社交强关系”。微信正是基于强社交关系下的双向互动的对等网络（peer-to-peer，P2P）结构，更强调人与人之间的差异性和圈层关系，在此基础上聚集高黏性的用户群体。另一方面，增强“私密性”。不同于作为典型“自媒体”的微博，微信基于大量熟人之间的强关系链传播，具有更强的私密性和封闭性。比如，微信朋友圈只有在互加好友且未设屏蔽的情况下，才能看到相关信息发布；又如，微信强化了在均为好友情况下的信息发送，私密性明显。张小龙多次提到，微信的四大核心价值观之首便是“用户价值第一位”，将“做一个好的产品”摆在首位。如今，群聊、朋友圈、红包、公众号、小程序等各项功能广为应用，微信已从社交源头出发，将方方面面融入人们的社会生活。如此，微信逐渐与智能终端设备实现了绑定，从紧随时代趋

势，到引导时代潮流，微信用户量得以与智能手机用户量同步增长。足见，在微信这一产品中，以客户体验为中心的产品平台战略得以进一步强化。

其二，扩张升级大平台，因势利导，借势生威。腾讯基于QQ积累的丰富社交场景与社交内容，充分施展其在互联网社交领域的雄厚积累与强大实力，以高屋建瓴之势，强化宣传，促成大量QQ用户迅即一键注册微信号，很快便将庞大的QQ用户引流纳入微信之中，使其转换为微信新用户，形成二者的彻底互联互通。不久，微信便升级为移动端“强接入、高渗透、厚情感”的新“社交产品”。据统计，从QQ导流至微信的新用户，仅1年即达1亿多，腾讯一举甩开了竞争对手。通过微信这一产品，腾讯实现了“一加一大于二”的产品大平台战略的升级。

其三，好产品结合大平台，实现科技支撑，人文互联。腾讯很早就洞察到，人与人之间的关系在媒介中产生“连接”，人类在“连接”上每进一步，都带来价值跃升，文字、航海、有线电报、无线电报、电话、互联网等无不如此。进入移动互联时代，微信依托移动互联平台实现即时通信，好产品结合大平台，释放出全功能、强隐私、高安全、低成本、“富文本”（rich text format，RTF格式）等巨大优势。实际上，腾讯在强大的科技载体之上架起了充满人性化的人文桥梁，烘托出科技之外更为璀璨的人文色彩，让“连接”在科技发展中的社交属性更为突出，并持续稳定地释放出“科技向善”的不竭伟力。

时代潮流浩浩荡荡，激烈角逐硝烟渐退。飞信、米聊、微博等昔日对手，它们或困于观念保守，或囿于利益纠葛，或安之若素，或黯然离场。微信则成为腾讯平台战略“后发先至”、推陈出新的华丽转身与产品落子，它沿袭了QQ的清晰定位、内容匹配与科技人文，更优化了社交产品的设计初衷，更适应于愈发广泛的用户群体，更使原本见长的基于产品经理文化的人性化用户体验，大幅上升到一个新层面与新境界——油然而生一股“就像一个老朋友”的亲切感。当然，这也体现出，腾讯对中国消费者社交心理日渐成熟的深刻洞察，并以其巨大的品牌影响力提升人们迈向新时代的社会精神风貌。显然，微信的成功绝非偶然，它在更高起点上又跨出一步！而当初的“青年”——腾讯，历经风浪考验和锐意进取，更多了一分沉稳，以更昂扬的姿态成为风云际会中把握航向、乘风破浪之人。

三、宏构重塑：全面拓展开放平台战略

腾讯抓住了互联网（PC 普及）和移动互联网（移动智能手机普及）两个时代的两次风口期，由此牢控住国内互联网的 C 端流量。从 2003 年开始，腾讯先后进入门户网站、电子商务、在线游戏、搜索等多个领域[①]，更以推出“QQ 游戏”为标志，进军以休闲游戏为核心的互动娱乐业务。经过长期实践探索，腾讯已将入局、发力、超越、赢得市场份额等一系列操作运用得圆熟极致，并形成了稳定成熟的业务发展机制。腾讯既有许多原创产品，也有不少针对其他产品的“模仿式竞争（抑或是竞争性模仿）”，而其产品往往比其模仿对象更成功。比如，联众游戏曾占据在线棋牌游戏市场 85% 以上的份额，在功能相似的 QQ 游戏平台推出后，很快销声匿迹。显然，腾讯“好产品 + 大平台”的产品平台战略在为自身创造辉煌的同时，也在无形中形成降维打击的竞争态势，甚至构成了对竞争对手的“封杀围剿”。

① 张梅芳．(2016)．路径依赖与路径创造理论视角下的腾讯国际化战略研究．(04)，129-135+147+154-155.

2010年，腾讯和奇虎360之间爆发了中国互联网发展史上著名的“3Q大战”，将腾讯与其他互联网企业的“零和博弈”推向最高潮。360杀毒1.0正式版于2009年发布，号称是“全球范围内首款真正永久、彻底免费的杀毒软件”，不仅抛弃了收费杀毒软件固有的“激活码”机制，而且在性能指标上实现了国内外的全面超越。凭借这些优势，360迅速坐上了安全软件领域的宝座。当腾讯跨入这一畛域时，360也警惕起来。腾讯接连推出了QQ软件管理、QQ电脑管家等酷似360系列产品的软件，并凭借着其坐拥的用户基数，实施绑定下载与推送。

面对腾讯的强势姿态，360迅速回应，一系列回击接踵而至。争夺的高潮出现在9月、10月间，360先后发布针对QQ的“隐私保护器”工具及一款名为“360扣扣保镖”的安全工具，宣称全面保护QQ用户的安全，包括阻止QQ查看用户隐私文件、防止木马盗取QQ账号，以及给QQ加速、过滤广告等。[①] 腾讯则认为，360推出的软件擅自搜集QQ用户的所有好友信息，动摇了腾讯在即时通信领域的稳固地位，并发起了不正当竞争起诉。而在舆论战方面，360挥动“反垄断”大旗，力图收获互联网用户情绪上的认同，此时互联网企业也开始选边站队。最终，中华人民共和国工业和信息化部发布《规范互联网信息服务市场秩序若干规定》，妥善处理了双方纠纷。“3Q大战”落下帷幕，腾讯虽然获得了法律的胜利，但在舆论战中却也身陷旋涡。

历经这场“反Q”“反垄断”危机后，腾讯开始反思产品平台战略，特别是，何谓真正的平台内涵？腾讯认识到，在客户需求越发多元化、个性化的背景下，自身很难兼顾所有服务和产品，“一站式”

① 参见：腾讯反诉360：你搞破坏，赔我1.25亿.*重庆商报*，2012-09-19.

封闭平台的不灵活最终会导致企业陷于僵化，发展停滞。而且从长远来看，“无所不备，则无所不寡”，全链条、全包式的亲力亲为意味着平均发力，而“备多则力分”，最终必然导致劳而寡效，甚至一事无成。经历了危机与反思，腾讯进一步走向成熟，开始着手重构其平台战略：打开封闭网络，从封闭式移动平台转型为开放共享的互联网新型平台。2010 年 12 月，“3Q 大战”硝烟散尽，马化腾在中国企业领袖年会演讲中宣布，腾讯将实行以“开放和分享”为原则的全面战略转型。

聚焦开放式平台战略，是一种转型，更是一种“回归”——回归到更广泛的“有效互动连接”。构建开放共赢的生态平台，本质上正是将与企业相关的各利益主体转化为自身的服务对象，并着力于自己最擅长的“连接客户”、共创价值的初心和主业方向。2011 年 6 月，腾讯举办第一届全球合作伙伴大会，进一步提出“致力于与合作伙伴一起打造没有疆界、开放分享的互联网新生态[①]”，构想“一种新型的网络服务模式，平台会先为用户提供基础服务，然后通过开放自身的接口，使第三方开发者通过运用和组装平台接口产生新的应用，并推动该应用在平台上统一运营”[②]。

为了推进开放式平台的有效战略转型，腾讯在组织管理中采取有力举措，抓大放小，释放活力。

“收”和“聚”：腾讯一改以往全部亲力亲为的业务战略，收束线上到线下（online to offline，O2O）等支线小业务，聚焦“社交”与“内容”两大板块，对核心业务进行巩固和严守，不容分散。

① 马化腾：合作伙伴越成功 腾讯开放平台越成功。检索于 https://www.chaoqing.org/news/info-1699.html。

② 周丕化，吴晓波 & 杜健 .(2012). 互联网开放平台协同战略研究 . *现代商业*（11）,264-268.

“放”与“让”：对于与核心业务并不冲突的部分业务，腾讯选择化“竞争”为“牵手”，通过开放让利，吸纳众多有技术专长的企业，让最合适的企业做最匹配的事。

“导”加“控”：主导构建开放共赢的生态平台，通过资金投注奠定话语权和分工权，管控大局，明确主次分工，全面提升平台企业的整体效益。

在实行一系列转型举措后，腾讯开放平台战略逐渐形成并完善，作用与效能日益显现。

第一，深化了原有的产品文化。无论是QQ还是微信，腾讯始终聚焦于“连接”。QQ重点连接年轻人，他们朝气蓬勃，个性十足；微信连接的范围更广，男女老幼，各色人等，因此更加简约朴素。无论哪个产品、哪个平台，腾讯的客户交换信息、分享情感，在形形色色的功能设计中实现并满足差异化的社交需求。在这一过程中，腾讯也从自身产品的社交属性中受到启发，将其中开放共赢的人文因子注入企业更广阔、更长远的经营战略中。开放平台的核心价值在于，通过自身服务和第三方应用的互利互惠，提高客户对应用平台的整体体验和黏度[①]。在转型建立开放平台中，腾讯拓宽了“连接”的内涵，不断深化腾讯创立之初就已形成的产品文化，进一步突出了社交产品经营中的人文属性。

第二，促进了多方共赢。在开放平台的战略转型中，腾讯重塑角色定位，将自己定义为互联网开放平台的“连接器”和“工具箱”。“连接器”承担连接合作伙伴和消费者的作用——腾讯推出Q+开放平台，连接了第三方应用；“工具箱”则是通过整合PC、移动端、腾讯社交等开放平台，提供各类基础服务。为实现上述定位，具体而言，腾讯

① 乐毅.（2022）.我国互联网开放平台发展研究.*合作经济与科技*（13）,86-88.

主要提供了应用开放平台、社交开放平台和腾讯云开放平台，为合作伙伴提供“QQ 账号登录、QQ 关系链传播、应用中心一体化、Q 币 / 短信支付”这 4 个主要资源 。中小创业者可以通过入驻平台获得腾讯的客户资源和技术工具，包括“公众号、小程序、移动支付、网络广告、企业微信、安全能力以及大数据、云计算与人工智能（artificial intelligence，AI）技术”等，进一步降低开发成本，得到快速成长[①]。

从 2015 年开始，腾讯在线下集中发力，搭设众创空间，形成一体化的孵化器，扶持中小企业创业者。在线上，腾讯实施开放战略，无论是内容和应用还是能力与资源，均通过平台进行共享。通过整合线下线上资源，腾讯形成了新的开放体系。在社交双轮驱动的核心引擎——社交平台文创等用户价值高度集中的几个领域，腾讯果断聚焦资源，持续加大投入，从连接客户到连接合作伙伴，腾讯实现了多方共赢。

第三，创造出在均衡中求发展的格局。腾讯崛起期间，也正是另一以平台起家的企业阿里巴巴集团控股有限公司攻城略地之时，兼有北京字节跳动科技有限公司以抖音、今日头条虎视眈眈，多方势力角逐，竞争愈演愈烈。此时，腾讯认识到，在封闭分散条件下，追逐个体产品的利润最大化往往急则多蹶、欲速不达，而在开放合作的平台环境下，企业可以兼顾自身与同行的经济利益，求取经济效益与社会效益的生态平衡。这种“开”与“合”的均衡发展又何尝不是腾讯“连接”思想的归全反真与转向升华呢？ 从前期发展中抢夺先机、攻城略地的“先”和“快”中跳脱出来，腾讯“后其身而身先，外其身而身存”，反而在日益激烈的竞争中处于更加游刃有余的态势，企业效

① 毛天婵 & 闻宇 .（2021）. 十年开放？十年筑墙？——平台治理视角下腾讯平台开放史研究（2010—2020）. *新闻记者*（06）,28-38.

益“自足于内、生发于外”，发展势头反而更好了。

腾讯虽曾饱受冲击，但仍坚守国内社交平台首屈一指的地位，在很大程度上源于转型开放后，腾讯坚守“连接”的初心，并以其为驱动引擎，把控“聚焦”与“整合”双线行进，形成均衡发展的态势，在厚积中达到更高的创新战略与管理境界。

第四，推动“平台生态经营”理念的巨大进步。2018 年 9 月 30 日，腾讯开展了自成立以来的第三次重大组织架构调整。原有七大事业群（business group，BG）重组整合，新成立云与智慧产业事业群（cloud and smart industries group，CSIG）、平台与内容事业群（platform and concent group，PCG）[①]。腾讯将整个 to B 业务，由原来各业务部门自身制定战略目标，上升为公司级的核心战略，由公司统筹将全部相关资源和团队着手实施闭环整合。“930”变革除了对外整合各项业务，贯通“全行业”，还对内打造“大内容平台”，即腾讯将内部各领域一些内容模块加以细化、分类、补充，调整组织架构（PCG 架构内容），采取“双轮驱动”，将 QQ、微信等产品都纳入腾讯的开放平台，成为腾讯开放平台战略的关键落子，定位突出，特色鲜明。

在“930”变革之后，腾讯升级改造大内容和核心底层平台，将散落在不同事业群的 AI、云、开放平台等 to B 业务集中融合[②]，增强中台能力，支持众多小团队业务发展，进一步探索战略发展的新体系。从 2019 年起，腾讯开放战略再度升级，从“开放生态”演化为“生态开放”，形成数字技术供给、解决方案打造、企业成长 3 个维度的有力支撑。

---

① 亿欧 .（2019）. 产业互联网春天已经来临，国内巨头摩拳擦掌 . 检索于 https://www.iyiou.com/news/20191028116555。

② 陈永伟 .（2021）. 腾讯的新变身：一次关于社会责任的新实验 . 检索于 https://new.qq.com/omn/20210425/20210425A09OED00.html。

以往20多年，腾讯开发了几乎全量的线上即时通信板块的数字资源。而在转向行业连接之后，其逐步从“资源开发者”转变成了“资源整合者”，从一般产品平台战略转型为开放产品平台战略。这是从封闭到开放、通吃到共赢、逐利到生态的跃升，是将这座恢宏的企业大厦加以自我重塑。这一时期，正值“壮年”的腾讯，反躬自省，走出年少的青涩与好胜，焕发出崭新的气象与蓬勃的生命力，同时化竞争为共赢，利万物而不争，日趋开放、包容、并蓄——腾讯与大湾区的精神气质更为协调地融为一体。

四、骏业跃升：从消费互联到产业互联

“930”战略的实施推进，本质上是植根于开放平台战略的不断完善，这一完善过程既涵盖长年的日就月将，更重要的是，又剑指产业互联，推动战略重心由消费互联网（to C业务）升级至产业互联网（to B业务）。

从消费互联网到产业互联网，组织架构调整先行，迎难而上。腾讯“930”战略实施前后，中国互联网发展的一个明显趋势浮出水面：互联网在消费者端的渗透率大幅提高，人口红利逐渐见顶，C端消费增长放缓，而B端增长开始起步，产业互联网的发展渐渐汇聚为潮流。同时，2018年也是各行各业加速产业智慧化升级的元年，“整合”有利于实现效能最优，围绕B端的产业互联网日益萌生资源整合与高效互通的现实需求。而Web 3.0、云计算、大数据等基础技术能力蓬勃发展，更构成B端业务整合的强大支撑，也将最终促成开放平台战略的升级。

马化腾在2018年公开发表给合作伙伴的一封信中明确表示，移

动互联网的主战场，正从上半场的消费互联网，转至下半场的产业互联网。而腾讯也将扎根消费互联网，拥抱产业互联网，“930” CSIG-BG 战略由此确立。这一战略意味着，腾讯把 to B 变成了第一优先级的核心业务战略。

从“3Q 大战”之后化竞争对手为 B 端客户，再由聚合 B 端客户转向全面整合全行业生态圈，直至进一步建设产业互联网，腾讯身处互联网行业，厚积客户资源，稳固统筹兼顾的战略定力，以战略与组织力相乘的集聚效应，逐步构建企业成功模式。然而，将核心战略转向 to B，发展以 to B 业务为基础的产业互联网，对腾讯而言，不可避免地面临着挑战和转型的不确定性。

首先，满足 B 端客户需求是普遍存在的全新挑战。 to C 和 to B 是两种完全不同的商业模式。在 to C 业务中，中小长尾客户、个人客户，大多会使用成本更低的成熟产品和标准化服务，更容易实现快速响应和高速迭代，产品开发虽然源于客户需求，但多由产品开发者（研发部门）主导。而在 to B 业务中，针对大企业客户、大 B 客户、政府大 G 客户，则更需定制化的系统开发服务，因其需求特点千差万别，此类定制产品无法简单适用于其他 B 端客户。20 世纪，以国际商业机器公司（International Business Machines Corporation，IBM）为首的 IT 公司对 to B、to G 客户进行深入研究表明，面对大 B 客户，有一套成熟的大客户直销 + 生态合作渠道销售的方法论，国内相关优秀 IT 公司大多参考 IBM 模式，如华为、联想等。因此，相较于 to C 产品，to B 产品显得笨重、冗余，无法简单对标通用型，只能做成项目型。故此，业务难以形成几何式增长，只能实现渐进式增长。to B 业务遇到的挑战普遍存在，而对于长期从事 to C 业务的腾讯来说，这类挑战更是前所未有。

其次，较高的“人”际沟通成本，也是一个挑战。一方面，表现为与客户的沟通成本高。从商业合作看：to C 市场强调市场营销、市场推广、造势、拉流量，无须着重处理客户（人际）直接关系；而在 to B 市场，B 端客户可能人员众多，人员层级、组织结构相对复杂，客户关系维护突显重要。可以说，to C 市场尤似生人社会的商业模型，而 to B 市场更像是熟人社会的商务模型。另一方面，则表现为自身内部的沟通成本高。在产品开发、落地的过程中，往往需要腾讯推进跨部门协作，助力 B 端客户进行立项、预算、招标、实施、需求成型、试运行等一系列流程与步骤。to B 业务的项目周期通常长达数月甚至一两年，十分考验腾讯内部的战略协同与耐心；围绕客户提供服务须事无巨细，对腾讯各部门的协调能力，本身也是一种挑战。

再次，维系腾讯消费互联 to C 业务的固有优势也充满变数，并不牢固。从前，腾讯的传统主业均采用 to C 商业模式，即服务于大量中长尾客户，涉及广泛的消费群体，其产品简单易用，但生命周期短，技术门槛低，易被仿制抄袭，市场恶性竞争不断。因此，to C 业务即便迅速形成爆品，又可能快速消亡。而且，消费群体偏好易变，如果不能及时把握消费需求心理、迅速应对市场变化，那么 to C 的业务红利极有可能会转瞬即逝、竹篮打水。腾讯长期浸濡于 to C 领域，虽然积累了足够优势，但因其变数多端，仍不可掉以轻心。在发展 to B 市场的同时，如何稳住 to C 基本盘，夯实多形式交织、多产品并行的开放平台？对腾讯而言，想要实现转型，同样面临巨大挑战。

在腾讯“930”战略刚确立时，不仅外界，公司内部几乎所有团队都质疑：腾讯是否具备从事 to B 业务的企业文化基因，其核心竞争力和优势在哪里？

为什么腾讯要坚定地迈向产业互联网？一方面是 C 端竞争越发激

烈，另一方面更为重要，10 年前腾讯从“竞争扩张”转向“开放共赢”，奠定了开放平台战略，“有所为，有所不为”。而针对企业等 B 端客户需求，腾讯从以往经验出发，认识到自身完全具备 to B 的业务能力，客户也高度认可，具体体现为以下五个方面。

第一，腾讯具有一致的开放平台的架构基础。无论 to B 还是 to G 的客户，腾讯都使之信任与放心。腾讯不会在开放生态经营中将客户的核心信息掌握在自己手中，架构以开放姿态，让客户掌控、分享信息资源。

第二，腾讯拥有雄厚的数据基础。进军产业互联网，腾讯并非从 0 开始，其自身就是超大的互联网产业客户，或称为大 B 客户，拥有丰富的业务场景实践，可将其归纳总结，以先进的创新理念、思想方法等多样形式加以输出，并与传统行业进行深度融合。在政府机关部门及各行各业，腾讯已拥有广泛的数据基础。比如，已有逾 80% 的中国五百强企业正在应用腾讯的企业微信。

第三，腾讯具备庞大的客户基础。每天都有逾 10 亿微信用户和超 8 亿的 QQ 用户通过腾讯的即时通信工具进行数以百亿次的沟通，全球 200 多个国家、10 亿以上用户通过腾讯位置服务，发起了超 600 亿次的定位请求。因此，腾讯发展产业互联网深具实力与基础。

第四，腾讯已有丰富的服务经验。基于 C 端消费者的长期真实需求，腾讯形成了丰富的经验与方法，这对于 to B 业务同样重要。在 2010—2016 年的 B 端业务服务中，腾讯复刻了一条 C 端运作的经验路线：面向 B 端用户满足连接需求；形成规模效应后构建平台生态。这种从连接用户到连接资源的发展路径可谓一脉相承。腾讯不仅销售技术，而将客户服务的方法论融入 to B 产品中，继续赋能 B 端客户。

第五，腾讯还有同步的协作团队。目前，已打造一个上万人的互联网 to B 服务团队（并不独立于腾讯其他业务之外）。此团队在腾讯内部拥有丰富的 to B 能力和经验，且联结腾讯整个技术工程事业群（technology and engineering group，TEG）、腾讯技术工程的服务平台及微信游戏（GCloud）服务等。

基于上述五点，在过去几年，腾讯迈向 to B 业务的发展速度很快。在“930”之后，腾讯锐意进取，锲而不舍，加速融入 to B 业务中，站稳了在互联网行业前三的位置。无论是化竞争为聚合的“开”，还是从“聚集”到“调配”的“合”，腾讯在充满竞争和挑战的环境中已摸索出一条更具确定性的、更为开阔的“开合之道”。

当然，尽管腾讯在互联网领域独占鳌头，已跃上产业互联网的潮头，但是如何长久站稳，仍将是一个迎难而上、矢志不渝的过程。从消费互联网到产业互联网，是基于人文战略互联的实践跃升。腾讯实现这种跃升的动力，既来自外部激烈竞争下的破局之道，又源于其内部自驱文化发展至瓶颈，需要糅合人本文化以跃升至新境。

腾讯的核心战略从消费互联的平台扩张，转向资源聚合与最优配置的产业互联，实现了跃迁推进。从“聚合用户”满足其社交需求（to C 业务），到参与企业社交（to B 业务），腾讯进一步提供了行业社交场域（整合 to B 作为核心战略），从“介入”程度的进退转换，从平台角色的调整拿捏，逐步构建起一个更广阔的数字化行业生态圈。

从商业模式来看，转向 to B，并不意味着完全削弱 to C。to C 作为原始经验底座和流量池，to B 作为新的流量端口和机会入口，二者耦合互促。腾讯以 to B 补 to C 流量缺口，从“用户的平台”发展成为“行业的平台”，从流量导向过渡到生态导向——在生态圈中，C 端用户与 B 端企业也得以有效耦合，从而形成了 to B-to C 的互补格局。

从更宏观的角度，产业互联网与消费互联网是一个相互关联、相互协作的完整生态。一方面，没有产业互联网支撑的消费互联网，只会是空中楼阁；另一方面，消费互联网将数字创新技术下沉到各垂直领域，包括生产制造、供应链等核心地带，最终促成产业链的深度融合，成为产业互联网发展的根本动力。进一步来看，传统企业也已到了不得不推进数字化转型升级的历史时刻，不转型就会被淘汰、被颠覆，而且这种风险很可能来自另一个赛道横空出世的颠覆型竞争对手。

“盛年”的腾讯秉持长期经营理念，战略眼光敏锐笃定，而且已然深谙：推己及人，情理不移，基于人的共同生活方式，不仅实现了从消费互联网到产业互联网的跃升，还能全面带动自我业务的变革创新，相信未来腾讯仍将骏业大展，前程无限。

五、思考与小结：平台战略制胜

历经 20 余年的高速发展，如今腾讯已成为市值约 7 万亿港元的巨型互联网企业集团。回溯腾讯的发展壮大，我们发现有两方面的特点值得格外关注。

第一，腾讯的成功之道归因于其一以贯之的产品平台战略。顺着其初期产品平台战略直至开放平台战略的发展脉络与经营逻辑主线，我们看到了一个善用平台战略的腾讯，其核心竞争力就是产品平台战略的不断演进、完善。这一战略具有 3 个方面的特色：

一是集中体现为产品文化。马化腾本人就是出色的产品经理，长期追求打造极致产品、“战略级”产品，而“战略级”产品本身就具备平台的特征与要素，既是产品又是平台。腾讯内部，包括总经理办公室在内，长期养成了体验平台产品的习惯，可谓“全民”皆用户、“全民”皆产品经理。**二是充分依托、结合大移动平台。**依托 QQ，乃至之后的微信等几大移动平台，释放巨大的分发力量，有力助推其平台战略。在腾讯形成产品平台战略以后，认识到自身在激烈的市场竞争中，一味依托平台集聚客户资源，排斥、打击竞争对手，非但无法突破资源限制，反而把风险放大、危机四伏，因而其果断实施转型，构建更广泛的生态共赢的开放平台战略，实现化危为机、化敌为友、分类导流、与合作者共赢发展的生态经营理念。**三是深刻蕴含创业文化基因。**腾讯的创业文化基因与生俱来，早期开创 QQ 时其捷足先登与快捷迅猛，已体现出适应丛林竞争的创业生长基因，而后企业规模扩大，进入开放平台战略，平台由封闭到开放化、生态化，腾讯的创业文化也逐渐呈现出科技人文化的色彩，展现出战略柔性，并通过组织能力赋能，“进化”了创业文化基因。马化腾曾说：“只要非核心赛道业务，别人能做的，就尽量让别人做。因为一个企业再大还是缺乏创业者，把业务留给将所有身家性命都押在里面的人，才是最好的选择。[①]”腾讯战略中的“偏师创新”是平台战略蕴涵的包容共赢生态与创业文化基因的完美统一，也是这句话的最佳实践注脚。显然，在战略擘画上，腾讯实现了“高掌远跖，观往知来”的全局宏构。

第二，腾讯的成功之道还在于其能够顺应趋势发展、应变复杂局面。主要表现在两个方面。

一是腾讯善于因势利导，把控局面，把握时机。古人云：“凡趋合倍反，计有适合。化转环属，各有形势。反覆相求，因事为制。”这句话道出了尊重事物发展规律的核心要义，也成为策略取舍是否恰当的关键。策略恰当，符合发展规律，便能因应形势变化，实现转化

① 马化腾 .(2018). 腾讯的创新之路，自我革命 . 检索于 https://www.sohu.com/a/259915897_747469.

发展。如今家喻户晓的微信在横空出世时，明显迟于其他头部企业。例如，微信比飞信晚推出 4 年之久，但最终后来居上，超群绝伦，无出其右。2007 年，当中国移动推出飞信时，正值由以拨号为主的互联网时代转向以智能手机为主的移动互联时代的当口，在此交界时期，新的趋势正在集聚形成，而旧有方式、因素尚有相当的影响力。比如，在手机端口人们依旧习惯使用短信，移动互联领域对于丰富的社交产品模式来说尚属处女地，仍然难措手足，因此习惯思维也更有利于中国移动推出这类产品。事实证明，如果此时腾讯不顾规律，死磕硬拼，去与对手一争高下，无论在端口连结技术、客户接受意识乃至社交属性嫁接等方面，均无胜算把握，却有可能过早暴露在初期各路豪强入市的激烈拼杀中，凶多吉少、一败涂地也并非不可能。所以，对于形势变化、趋势端倪，腾讯审时度势，采取观望后发的策略并踏稳节奏，当属明智。

二是腾讯具备掌控动态平衡的不凡能力。古人智慧中有“应化之道，平衡而止”的论述，体现出动态平衡的朴素辩证法思想，也就是说，万物不断变化，平衡状态是相对的，不存在绝对静止的平衡态，而不平衡、不稳定状态是混乱之源。人们追求一种动态平衡，即通过不断调整接近新的平衡态。作为一家创新型互联网企业，腾讯即始终保持着很强的动态平衡意识和能力。例如，在此次调研中与腾讯副总裁奚丹及腾讯学院教师李磊交流时，不难洞悉“偏师创新”策略，它本身就是对发展态势上动态平衡的某种求取：在稳定与变革、安全与效益、顶层设计与探索尝试之间，求取恰到好处、恰如其分的动态平衡；在释放“冗余和包容”中寻求突破方向，以施加点和面、投兼放、实与虚相结合的创新效能。“偏师创新”策略正需要腾讯这种密切围绕客户的敏捷组织文化：组织扁平化、灵活性强、学习速度快、迭代频率高。依靠敏捷的组织，腾讯屡屡把握行业动向，迅速反应，以小团队“偏师创新”，往往后发先至。可见，在行动策略的术的层面，腾讯也棋高一筹，大有可圈可点之处。

当然，美中亦有不足。在过去几年，腾讯在战略领域的挫折是短视频。10 年前腾讯曾尝试推出微视产品。然而，当时抖音尚未出现，微视欲速不达，未发先挫，早早便被撤除了。直到抖音横空出世，腾讯发现，在这一领域浅尝辄止的结果是错过了良机。随着互联网加速布局的成功及流量资费的大幅下降，高质量的短视频内容终于登堂入室。2018 年上半年，腾讯重新打造团队，斥资 30 亿元补贴旗下短视频项目——微视，以图恢复微视产品。而正面对抗，效果不佳。2020 年 8 月，腾讯尝试在微信系统号中另辟蹊径，针对长、短视频着手内部整合，启动“综合信息化管理平台”，推出腾讯视频号，将微视纳入此次大内容平台的整合战略。目前，微信视频号月活率已超 3 亿，拓开了多种多样的未来打法。此外，自微信 5.0 开始，腾讯增加了订阅号，一举迈入“第三方友好”的新天地：订阅号为第三方内容生产者提供了优质的平台基础，而之后的微信红包、小程序更是将微信的内涵拓展到了几近无限……

近 1/4 世纪的企业开拓历程，对于社会发展进程来说，不过一瞬，而腾讯“科技向善”的精神，则指明了这家巨型互联网企业未来的坐标方向。腾讯的成长足迹能为互联网相关企业带来怎样的启示呢？腾讯在早期高歌猛进，后来奉行“藏锋敛锷”的实效管理方法，运用自身产品平台战略、动态能力、敏捷组织、协同演化等固有优势，步步为营、稳扎稳打，造就了今日的经营成就。然而，极为重要的是，腾讯的成功更源于它战略与组织的乘数合力，即“道”层面的战略设计与“术”层面的组织执行的结合统一。而其中，产品平台战略的开放性正日益成为其成功之道中最关键的密码。

在本书写作过程中，2022 年 10 月 18 日，腾讯产业创投公司与联通创新创业投资新设合营企业案获得批准，主要从事内容分发网络（content delivery network，CDN）和边缘计算业务，双方努力促成互联网巨头与电信运营商的强强联合局面。这种合营态势有利于腾讯进一步依托更广阔的开放平台发展业务，同时打开了产业互联网、产业数字化的更大想象空间。显然，腾讯的成功是各种内外因素相互影响、共同作用的结果，足音跫然，而一个更加开放的腾讯正迈着稳健的脚步逐步坚定地走来。随着移动互联网的不断发展，客户期待更好的服务，腾讯的产品平台战略必然还将更加高效开放，以适应新时代要求，满足客户需求，获得更广阔、更远大的发展空间。腾讯内部的敏捷组织也将持续自我调整、赋能，以符合企业总体战略的发展方向，努力打造更富有朝气、日益健康成长的腾讯。

航盛电子

专一蕴韧性　蓄势待远航

深圳市航盛电子股份有限公司是一家集研发、生产、销售、售后服务、物流配送于一体，为汽车整车企业研发生产智能网联汽车信息系统、智能驾驶辅助系统、新能源汽车控制电子系统等产品的国家级高新技术企业。自1993年成立以来，航盛电子从无到有，成长为中国汽车电子行业的独具特点的企业，目前企业经营收入逾40亿元，年产汽车电子产品近600万台套，并且与国内头部汽车厂商建立了长期友好、稳定的合作关系。在国内车载信息娱乐系统（in-vehicle infotainment，IVI）的细分市场里，航盛电子是在这一领域排名前10的企业中唯一一家民族品牌企业。在大湾区这片用辛勤汗水浇灌的土地上，航盛电子从创建时的"小作坊"企业发轫，矢志有恒，勤励不怠，历经千辛，终于登上了国内同行业的领军位置。

一、执念报国凝动力

30多年前，改革开放的浪潮正波涛澎湃，滚滚而来。当时深圳已是一片创新创业的南国热土，一批优秀的民营企业正蛊然崛起，一批心怀报国理想的企业家肩负责任与使命，踏上了产业报国的奋斗征程，航盛电子创始人杨洪正是其中之一。

心系国家发展大局。在历史洪流中，杨洪选择了顺应发展大局，听从时代呼唤，与改革开放的国家命运紧密相联。正是一次决定改变了他的人生航向。1986 年，他以优异的成绩从陕南航空大学毕业，随后几年就任电子系党总支书记兼团委书记，兼任电子系自动化控制、电机控制等课程教师。他的未来，一如原先夙夜熟虑，或成为一名学识渊博的科学家、学者，或在体制内按部就班、循规蹈矩。陕南航空大学在深圳有一家校办企业胜利仪器厂，1990 年 5 月，兼任总经理的副校长即将退休，校长认为杨洪是继任的最合适人选。杨洪毅然决然受命奔赴深圳，接手经营胜利仪器厂，从此踏上了从商之路。在他领导下，胜利仪器厂效益大幅提升，业绩斐然：销售额约 5 千万元，利润达一两千万元，利润率稳定在 20% 左右。

弃教从商犹如投笔从戎，艰苦刚刚开始。1993 年 2 月，已身为中国航空工业集团有限公司中国南方航空工业（集团）有限公司副总的杨洪离开胜利仪器厂，赴任深圳南航电子工业集团（以下简称南航集团）——航空 01 基地在深圳的一家窗口企业。到任伊始，主营收音机配件的南航集团面临巨额亏损，处境十分艰难，这也正是 20 世纪 90 年代初国企普遍面临的产能过剩、债务重重、赢利无望、一筹莫展的真实缩影。此时，以“抓大放小”、债转股、减员增效等举措为标志的国企第二轮改革尚未全面展开，而民营企业则显示出机制上的强大活力。经过深思熟虑后，杨洪向南航集团董事长段中主动提出国企改制的试点动议。获得信任与支持后，杨洪率先盘出南航集团的电子类业务资产，独立创建深圳市航盛电子股份有限公司，即航盛电子，以期脱胎换骨，“借‘制’启航”。新公司诞生，但业务方向模糊，亏损仍旧如影随形。企业的目标定位何在？杨洪与团队认为，国家正迎来改革开放的大时代，个人与企业的选择只有符合国家需要、时代发展，把握好产业趋势，才有前途，才能摆脱目前困局，赢得开局之胜。

把握产业发展机遇。时值中国汽车产业的发展热潮扑面袭来，尽管国内外汽车市场差距巨大，但改革开放正在为这一产业的未来创造良机。杨洪认为，汽车产业必将成为国家支柱产业之一，而随着整车厂提速，其上游供应商也必大有作为。截至 1993 年，全国共有 127 家整车生产厂、600 多家汽车改装厂和 2000 多家零部件厂。从汽车企业总数来看，中国确实堪称世界第一；然而，汽车制造业的“种子”刚刚埋下，根基尚浅，企业生产规模普遍不大，年产逾 10 万辆汽车的仅有 4 家，1 万辆左右的 20 余家，其余近 100 家企业年产量在几千辆甚至数百辆左右徘徊[①]。不过，凡事相反相成。伴随着改革的春风，“军转民”背景下的汽车工业也正曙光初露。于是，杨洪决定将主业转向汽车电子行业。“时来易失，赴机在速”，航盛电子迅速以汽车电子收放机业务着其先鞭，切入市场，决心一展“科技领航，盛行天下”的蓝图。自此，航盛电子在大湾区一路乘风破浪，开启了心专志恒、砥砺无前的奋斗历程。在“大势所趋的第一个十年”，2000 年，航盛电子即达产值上亿元，跻身全国同行业前三甲。2003 年，航盛电子深圳福永工业园奠基。

报国理想是发展的原动力。中国民营企业的显著特点之一是往往带有较强的企业家的个人奋斗烙印，是其个人人格的某种折射，在大湾区这一特点显得尤为突出。创业唯奋斗，奋斗存梦想。航盛电子起家的梦想是产业报国，其最初原动力正源自企业创始人杨洪本人，他

① 徐秉金，欧阳敏．中国轿车风云（1953—2010）．北京：企业管理出版社，2012.

赋予了航盛电子发展的基因。杨洪出生并生长在自古人文鼎盛的江西吉安永丰县。初中毕业前，他和同学们半工半读，曾前往井冈山革命根据地，他们参观黄洋界，登上井冈山，接受革命洗礼，爱国情怀油然而生。青少年时代，杨洪便立志走出大山，报效祖国。

2004 年，汽车电子领域一家全球领先的德国汽车电子巨头曾欲出资 5 亿欧元收购航盛电子。这是一笔看似划算的买卖：2004 年航盛电子营销额尚不足 20 亿元，净利润约 1 亿元，这家企业以航盛电子年净利润 50 倍即人民币 50 亿元的估值进行收购，出价十分诱人——很多上市公司市值也仅 10 亿多元。杨洪手握 30% 股权，这意味着，一旦成交，其身价便可达 10 多亿元——原始投资才 2000 多万元！此刻，他面临两个选择：一是不放弃股权，继续经营；二是出售股权，获取巨额转让收益。然而，航盛电子的梦想与初衷是希望创立国内第一、世界一流的企业。最初的艰难岁月刚刚度过，如今企业蒸蒸日上、利润过亿，却打算“小富即安”“求田问舍”吗？经过协商，核心团队成员一致支持杨洪的决定：拒绝对方的收购建议。虽然航盛电子拒绝了收购，但却赢得了这家优秀德国企业的尊重。赴德国考察时，德方首次悬挂了中国国旗。“不做外资加工厂”，显示了航盛电子立足自身发展、打造民族企业的产业报国理想。2005 年，航盛电子取代西门子威迪欧（SIEMENS VDO），一举成为一汽 - 大众未来 5 年汽车音响的主要供应商，这同样引发了西门子萌生收购航盛电子的想法，而最终收购计划也照样被婉拒。

2008 年，金融危机使众多行业跌入至暗时刻，中小企业破产与裁员屡见不鲜。虽然上一年航盛电子也曾陷入困境，全年营收降至 20 亿元，但由于国内销售额前 20 位的车厂中有 18 家为其客户，供货范围覆盖南北大众、东风日产、神龙汽车及国内自主品牌等，因此

2008 年在行业平均利润下滑 50% 的情况下，航盛电子非但未裁员，还实现了营收持平、利润增长 10% 的局面，同年还获得“国家级高新技术企业认定”。拐点已露端倪，高质量发展实效渐显。2008 年 11 月 4 日，原国务院总理温家宝一行在时任广东省委书记汪洋的陪同下，专程来到深圳，选择了 8 家创新企业进行考察，首站即到访“先进典型”——航盛电子。

航盛电子的创业者以产业报国为理想，经过近 30 载的励精图治、蓬勃发展，如今的航盛电子已成为南航集团硕果仅存的唯一翘楚，它正以“打造汽车电子航母，引领科技生活新潮”的使命、“中国博世之梦”的产业报国理想，构筑未来蓄力远航的更大港湾。

航盛电子凝神聚力，勇于承担社会责任。大湾区的大多数企业兴起于 20 世纪 90 年代，那个年代的企业家在工作岗位上恪尽职守，将企业与社会责任紧密相联。在陕南航空 101 厂任职车间团支部书记时，杨洪每天清晨 6 点前，跑步从驻地抵达车间，打开低温箱，为重要的专用仪表提前预热，日复一日，寒暑不辍，“螺丝钉”精神的背后是他强烈的社会责任感。时至今日，他仍不断强调，航盛电子评判供应商的标准不能仅停留在产品质量、价格等基本因素，更要着眼于供应商是否担当社会责任：缺失社会责任感，也意味着丧失了航盛电子的信任。2008 年金融危机如海啸席卷全球，航盛电子不曾解雇一位员工，这极大提升了员工们的归属感，激发了他们的工作热忱，也保证了企业坦然面对未知风险，挂帆远航，迎风驶向未来。

二、自主创新求发展

航盛电子经历了从无到有、由弱到强的自主创新发展道路。从

1993年起，航盛电子自主开发了车载调谐收音机，1998年首次实现为轿车厂商——神龙汽车配套、批量供货。此时，航盛电子愈发认识到，要成为汽车电子行业的世界一流企业，就必须坚持自主研发、自主创新，夯基固本，向下扎根，努力创造自主品牌。“创新驱动的第二个十年”，航盛电子在产品、技术、管理、商业模式、人才等方面都进行了创新，深度践行“科技创新，文化护航”的理念。

在产品创新方面，航盛电子不断推陈出新。2002年，航盛电子HS719隐藏式全逻辑试听系统研制成功，并为风神蓝鸟汽车提供定牌生产（original equipment manufacturing，OEM）服务；2006年，航盛电子开发出首次通过认证的CD机；2008年，航盛电子第一款虚拟六碟CD问世；2012年，配套日产的第一款北斗导航产品下线、投入市场；2015年，倒车雷达和AVM产品成为国内首批一次性通过标致雪铁龙集团（Group PSA）软件审核的产品；2016年，首次实现国内商用车自主研发前置高级驾驶辅助系统（advanced driving assistance system，ADAS）系统量产，配套江淮汽车，同年首款车联网生态主机配套一汽轿车；2017年，航盛车联网产品配套一汽红旗H5；2019年设计开发新型智能驾行驾舱。持续产品创新是航盛电子数十年如一日的着力点。为了专一于产品创新，2016年后，航盛电子精简了自己的子公司序列。杨洪曾表示，与2015年相比，2020年的销售收入增长并不显著，近年来企业进行产业结构调整，剥离部分子公司从而做强主业，为未来的竞争夯实基础。

在技术研发方面，航盛电子坚持自主创新。基于广泛合作，航盛电子通过为汽车整车企业研发生产车载智能网联信息系统，持续增强技术积累，迭获技术创新大奖。航盛电子着重发展智能网联汽车信息系统、驾驶辅助系统、新能源汽车控制系统三大主营业务，不断加大技术投入，其占销售收入比重从3%增至10%，并始终保持研发费用占成本比重达12%~15%。2010年以来，航盛电子充分利用国内各地的区位差异，先后建立起五个优势互补、协同创新的研发中心，强化企业创新引擎：南山研究院主要负责IVI的软件开发，是航盛电子技术中心直属研究分院；作为航盛电子三大技术中心之一，智能驾驶研究院主要研发及生产与智能驾驶相关的产品，其先后为PSA、东风日产、上汽通用五菱、北汽、东风小康和江淮等众多知名车厂进行产品配套，其还不断致力于研究核心技术，研发力高居行业前驱；扬州航盛科技有限公司则聚焦整体，深钻汽车电子产品、智能辅助驾驶技术及智能网联服务整体解决方案；成都研究院拥有丰富的人才资源，主攻智能座舱系统；航盛电子武汉技术中心毗邻东风乘用车等主机厂，专注于对接国外技术，与PSA、雷诺等欧洲主机厂在华合资厂开展技术对接。五大研究中心分布全国，因势而建，不仅专攻于产品研发，而且重视技术创新，共同铸就了航盛电子过硬的研发能力。

作为高端制造业，质量保障至关重要，航盛电子将严格的管理作为创新和生产的重要保证。航盛电子下设产品验证检测中心，主要从事汽车电子产品、环境、可靠、电磁兼容性等试验，具备按中华人民共和国国家标准（GB）、国际电工委员会（International electrotechnical Commission，IEC）、国际无线电干扰特别委员会（International Special Committee on Radio Interfence，CISPR）、国际标准化组织（International Organization for Standardization，ISO）及国内外各大车厂的标准实施试验的能力。在标准各异、规模庞大的试验环节中，航盛电子通过制定《企业标准试验项目一览表》，将每一项检测流程进行详细解释。其对质量管理的一丝不苟还体现在微观细节层面，在深圳生产基地，小如一台打印机都拥有自己的管理卡片，上面明确标记了使用部门、责任人卡片编号、管理部门、资产类型、固定资产编码、资产名称、规格型号，甚至存放地点、购置日期等内容都十分清晰。

航盛电子还选择实力出众、开放包容的企业合作，构建全新的供应链生态，与上下游客户共同推动产业健康成长，最终提升产品的客户价值体验，借势发力，互利共赢，先后获得“中国电子信息百强企业”“广东省著名商标”“广东省名牌产品”等殊荣。2011 年，航盛电子获得广东省政府质量奖和深圳市市长质量奖，成为深圳具备申报国家质量奖仅有的 3 家企业之一。2012 年，与华为、中兴通讯共同成为深圳市首批 4 个卓越绩效示范单位之一。一系列的荣誉反映出航盛电子高度重视产品质量，着力从速度向质量转型。同时，航盛电子重视构建开放共赢的产业链关系，并致力于做好顶层设计，为客户创造价值，打造共赢局面。

在人才上，航盛电子克服各种不利条件，持续推进人才引进与培养方案的创新。面临专业人才的供给短缺，航盛电子在录用应届生时因材施教、制定差异化的复合型人才培养方案，还通过收购科技人才团队，委以重用，日益完善软件研发能力。面向普通员工，航盛电子设置技能培训程序，涵盖质量意识、岗位技能、制造管理、过程体制等方面；同时，还重点开展 TPP 认证工作，积极培养“种子讲师”，进而开展更大范围的基础培训能力建设。除了对创新人才的直接财富激励，航盛电子还营造稳定的工作环境。比如，为创新人才提供自主发展空间和宽容的科研氛围等。此外，航盛电子还及早尝试从制度上稳固“军心”—— 1998 年即着手股份制改革，为其后长远发展奠定了人力资源基础。通过组织扁平化，航盛电子还形成快速反应的人才机制，以敏捷适应市场变化，为上下游合作者创造价值。

三、借势合作拓海外

在致力于“打造汽车电子航母”、成为世界一流汽车电子制造企业的进程中，航盛电子立足自身，巧妙“借势”，即通过“借梯登高”“借船出海”“借风行船”，拓展海外合作，推进全球化战略。

借梯登高。通过与外商企业、合资企业加深合作，航盛电子积极引进国外先进技术和资本支持，大大增强了自身的技术研发能力。其与海外公司的合作可追溯到1999年：公司初创，制造技术亟待提高，国内市场竞争激烈，零部件企业与整车厂商客观上存在紧密的依存关系。航盛电子管理层认为，与整车企业主动建立牢固稳定的合作关系，有助于推动自身技术水平的大幅提升，因而杨洪欲与掌握30年汽车音响设计制造经验、拥有先进生产设备及一流现场管理水平的韩国企业南胜电子合作。同时，对于当时已在宝安建厂的南胜电子来说，在替代进口政策下，也须加快寻求中国的本土化经营，以顺应零配件本土化的趋势，而航盛电子拥有谙熟本土市场、极具商业眼光的先天优势。因此，双方一旦合资，便能实现优势互补。2000年年底，杨洪决定尝试与南胜电子接触，洽谈合作，一周内他亲自迅速拟成简明扼要的可行性报告，致函南胜电子中国区主席。合作意向汇报至韩国总部后，一切进展水到渠成，双方很快成立了合资公司，航盛电子开始依托南胜电子的生产线进行委托生产。通过合资，航盛电子进一步学习并提升了技术水平。随后，东风系的神龙汽车成立神龙汽车电子公司，开始与航盛电子开展合资合作，不久，其首条轿车电子配件生产线浮出水面。通过加强对外合作，航盛电子的发展逐步令世人刮目相看，研发能力全面跃升，效益也早已今非昔比，发展空间豁然打开，还建造了万人大厂，规模不可同日而语。与神龙汽车合资后，航盛电子不仅开始定制轿车电子配件，之后又为东风系的另一车企风神汽车（东风日产）从事配套生产，并实现了完全进口替代。

借船出海。在国际合作的基础上，航盛电子进一步加强技术的创新积累，借鉴成熟有益的汽车文化，加速实现海外扩张的步伐。2003年，航盛电子与东风日产合资，首个10亿元营销目标也于同年提前完成。在与日产展开合作后，航盛电子对生产体系实施再造。同时，日产出资邀请大批航盛电子员工前往日本，全面系统考察访问其本土工厂，充分透彻理解其汽车文化。日产的汽车文化及其内部的高度协同让航盛电子员工大开眼界、受益颇丰，对航盛电子的企业技术工艺、管理文化的提升都产生了深远影响。航盛电子在与东风日产合资后，很快进入为日产等一流车企从事配套的行列；然而，日产方对于中国供应商的要求极为严格，日产全球副CEO专程赶来中国，多维度评估航盛电子的企业体系：一看企业是否拥有未来长远战略；二看质量是否有保证。航盛电子基于“要为产业做出示范，要为世界做出贡献”的理念，凭借多年积累的综合实力，顺利通过考核，取得供应商资质，并在2006年荣获“日产雷诺全球技术创新奖”——迄今仍是首家、唯一获此殊荣的中国供应商。这一时期，通过深入国际合作，航盛电子实现了借船出海，逐步迈向国际化。

借风行船。航盛电子一向重视品牌影响力，与众多国际知名品牌形成了长期稳定的合作关系。2013年9月，航盛电子在德国设立了首个海外技术中心和全资子公司——德国航盛科技有限公司，旨在推进全球化欧洲战略。在研发方面，航盛电子德国子公司聚焦智能互联、智能驾驶、赛博网络安全等核心技术的开发。成立5年，获得PSA的3个全球汽车电子系统项目。在海外技术中心设立后，美国、法国、日本办事处也相继成立。目前，航盛电子在全球共有46个办事处、820个售后服务网点。在品牌合作方面，其分别与欧洲大众、标致雪铁龙、欧宝、斯柯达、菲亚特等高端乘用车品牌展开合作。

航盛电子还积极吸收国内外融资。借助资本融合，航盛电子进一步摆脱了低价竞争，转向以技术创新与产品研发为核心的创新型经营模式，持续为企业发展提供强大助力。在“迈向国际化的第三个十年”，国际合作为航盛电子带来了全面的实力提升与业绩增长。

经过“三借”后，航盛电子实现了在技术、市场等核心能力上质的飞跃，一跃成为国内车载电子细分市场的领军企业，其车载视听娱乐系统、智能导航及多媒体系统、车身控制集成系统等产品质量均达到了国内厂商的一流水平。

四、转型变革过急弯

进入21世纪，尤其是2010年后，全球新一轮科技革命和产业变革蓬勃发展，汽车与能源、交通、信息通信等领域技术加速融合，电动化、网联化、智能化、共享化（汽车产业“新四化”）成为汽车产业的发展潮流和趋势。汽车逐渐从单纯的代步工具，不断发展而转向为移动智能终端、储能单元和数字空间，并与能源、信息、通信等领域交互，持续反哺各产业基础设施升级，促进能源结构进一步优化，最终带动创新驱动与绿色发展。按照产业链所处位置划分，汽车电子产业分为上游车规级电子元器件生产、中游系统集成及下游整车应用集成，航盛电子的传统优势在于产业链中的中游。中游系统集成供应商需进行模块化功能的设计、生产与销售，主要针对上游零部件及元器件进行整合，向下游整车厂针对功能、模块提供解决方案[①]，即集成化、模块化、系统化的总成产品。汽车产业“新四化”对中游系统集成供应商提出了全新要求，关键在于融合能力和定制化开发能力。

融合能力是指将中游系统集成从单一产品简单整合，提升至一体化的能力。这需要企业具备芯片等关键零部件设计、智能算法研发、软硬件深度整合的能力。“新四化”的发展趋势还要求中游系统集成厂商深度参与整车设计研发，并针对不同整车厂、不同品牌车型定制智能座舱。而融合能力和定制化开发能力的不足，是包括航盛电子在内的大部分国内汽车电子行业企业面临的长期全面挑战。

面对日益严峻的巨大挑战，航盛电子发挥其专一态度与韧性精神，克服重重困难，砥砺而行，全力迎战。

首先，充分发挥大湾区的区位优势，整合资源。粤港澳大湾区是我国开放程度最高、经济活力最强的区域之一，拥有扎实的制造业基础与先进完善的产业集群，在国家经济发展大局中具有重要战略地位。2021 年，大湾区经济总量已达 12.6 万亿元，区域内世界 500 强企业多达 25 家，全广东省受认证的国家级高新技术企业超 6 万家。

航盛电子总部位于粤港澳大湾区中心城市之一的深圳，随着大湾区城市互补、产业协同、齐头并进的发展格局不断深化，将迎来更大的发展空间。电动化、智能化持续普及，汽车电子成本占整车成本的比重将进一步提升。基于坚实的电子信息产业发展基础，大湾区内新一代汽车电子产业的规模有望进一步增加。

凭借大湾区得天独厚的区位优势，20 多年来，航盛电子持续深耕汽车电子产业，聚焦专有技术，在产品生产、供应链合作等方面积

---

① 中国电子信息产业发展研究院，汽车电子产业联盟 . 2030 中国汽车电子产业发展前景分析 .(https://www.doc88.com/p-90929253848744.html?r=1)[2022-08-09].

累了丰富经验，为众多中小企业提供了发展的范本，如今作为行业领军企业，更持续加大战略投入。航盛电子对产业作出大胆预测：2030年汽车电子价值量占整车价值量的比例将达50%左右，全球汽车电子市场规模将接近9000亿元。面对机遇与挑战，航盛电子加快转型，更新了其“332・118”战略，即“通过技术创新、管理创新和商业模式的三个创新，实现‘经营型向经营管理型、从速度型到速度效益型、从规模型到规模实力型’的三个转变，提升公司技术创新和资源整合两种能力，力争实现2023年上市，2025年汽车电子生产规模1000万台套、销售额突破100亿元、利润率实现8%”的目标，以自身发展引领并助力汽车电子产业的发展。

同时，航盛电子依托大湾区发展大势，积累了丰富的人力资源和雄厚的技术资源。在人力资源方面，大湾区厚积的综合实力及开放的人才政策，吸引、集聚了大批人才，航盛电子充分利用这一优势，不断完善人才培养的评价机制。在技术资源方面，航盛不断加大投入，截至2017年，获授权421项国家专利，其中125项为发明专利。

其次，积极化挑战为机遇。纵观汽车电子行业发展大势，航盛电子认为，挑战中孕育机遇，要努力化挑战为机遇。近年来，我国汽车年产销量在2550万辆左右，汽车保有量持续增长，但增速逐年放缓。国内IVI前装渗透率逐年增加，而航盛电子的市场占有率有所下降，传统IVI业务利润空间下降。美国电动汽车公司特斯拉于2012年发布其第二款和第三款电动汽车产品Model S和Model X，电动化概念进一步得到推广。在全球汽车零部件产业，北美洲有麦格纳，欧洲有博世，东亚有电装、松下，而中国还没有自己的强势民族品牌。截至2021年，我国汽车整车和零部件行业的收入规模比例约为1 ∶ 1，而美国等汽车强国的这一比例则为1 ∶ 1.7。中国的零部件产业规模巨大并仍有发展空间，但目前却缺少在国内外市场上具备超强竞争力和品牌知名度的企业。以航盛电子为代表的中国汽车零部件企业坚守建成伟大企业的梦想而努力前行。在原有市场发展受限的基础上，航盛电子积极拓展下游应用，于2014年起路试电池管理系统和整车控制器，产品标的拓展至纯电动客车。仅在2019—2020年，智能驾驶等新方向的出现就为其带来了10%的营收增长。其产品类型的销售份额也发生了变化，智能座舱信息娱乐系统和辅助驾驶产品的销量越来越高。

航盛电子还不断抓住机遇，前瞻性规划发展。随着消费者需求的变化，人们不仅关注传统的汽车质量、性能等元素，也衍生出对健康服务、数字服务等方面兴趣的增加，汽车逐渐演变为智能移动生活空间。据中国产业信息网的数据，预计到2022年全球车联网市场规模将增加至1629亿美元，年复合增长率为25.4%。其中，中国车联网预计市场规模为530亿美元，年复合增长率为36%，高于全球增速。未来中国有可能成为全球最大的车联网市场，也为IVI的发展提供了广阔空间。目前全球汽车电子行业也正处于快速增长阶段，据中国银河证券预计，到2030年汽车电子信息市场规模将突破3000亿美元。基于以上分析预测，航盛电子设立增长目标，计划到2030年实现营收500亿元，到2035年破千亿元，并成为汽车零部件行业的全球前20强。面对下一个15年，航盛电子将努力践行创新驱动发展战略，确定自身发展方向，执着径行，秉持“自主、创业、创新、开放”的企业精神，把握汽车行业重大机遇，打造“中国第一、世界一流”的国际化汽车电子领军企业。

再次，坚持不懈推进转型战略。面对未来新能源市场的巨大机遇，在“332”“118”战略引领下，航盛电子积极推进各项举措落地，从生产制造、技术投入、经营管理模式、质量制造体系、供应链合作、企业文化等多方面深入布局，进一步铸强高端制造。

近年来，航盛电子坚持高技术投入，瞄准尖端技术，力争实现价值驱动，摆脱“低成本陷阱”，不断加强自身发展的核心竞争力。从历史发展来看，航盛电子早期以后装市场为主，后来逐渐切入前装市场，较之海外一级（Tier1）零部件供应商，其更接近传统电子企业，在智能驾驶领域技术方面积累不足，硬件智能化集成过程中技术协同性偏弱。在短期内其通过快速响应能力与成本优势，在行业发展的第二阶段尚可快速抢占一部分市场份额，但从长期来看，科技快速迭代会使得技术储备不足的企业的核心竞争力锐减。因此，航盛电子持续加大技术研发，着力发展智能网联汽车信息系统、驾驶辅助系统、新能源汽车控制系统等三大主营业务。自 2016 年起，又全面进军新能源汽车控制系统，技术研发与业务拓展起到了良好的正循环效应。而在传统业务 IVI 方面，航盛电子优化了开发系统，促成快速迭代开发平台化，硬件模块化可快速搭建，软件标准化缩短了开发周期，实现了软硬解耦，可为实际产品灵活裁剪，形成定制化生产，研发增效显著。

在面对疫情反复、“缺芯”少屏的短期困难时，航盛电子的应对之道既显现出了其韧性，也成效明显。为应对“缺芯”问题：在短期运营策略上，航盛电子进一步完善预测和计划，如年度经营预测、每周生产采购计划等；在长期规划上，航盛电子则“提升产业链协调，加速国产化能力”①；在政策层面，航盛电子利用好国家优惠政策，包括产业支持、半导体基金等；在技术层面，航盛电子要“扩大芯片产

① 王鸣幽．航盛尹玉涛：汽车电子芯片的供应挑战与应对之道．（2021-06-20）[2022-08-09]. https://www.pcauto.com.cn/hj/article/842008.html.

品线，产品的覆盖度及 IP 的设计投入”；在市场层面，深入开发适应个性化需求的产品；在合作层面，保持与恩智浦半导体公司（NXP Semiconductors）、华为等战略合作伙伴的长期合作，同时配合“完整供应链体系”，以保证芯片供应。航盛电子抓住了“芯荒”中的机遇，主动打通汽车电子产业链上下游，“积极开拓新供货渠道和展开长期互利的合作模式，在国内外循环的大环境中突围困局”。

此外，航盛电子日益注重经营管理和质量制造的提升，以争取对下游主机厂的话语权。一方面，提升自有产品功能独特性，从同类竞争者中胜出；另一方面，则提升生产管理效率和标准化产品质量，通过追求规模效应降低自身生产成本。于是，航盛电子建立了市场、研发、采购、制造、服务等全价值的经济管理体系，坚持以客户为中心、以现场为中心，主动发现问题，快速解决问题，实现公司由粗放式管理到精益管理的转变，打造核心竞争力。航盛电子还形成了完善的售前售后服务体系，提供上门服务、质量三包、24 小时解决问题的优质服务，进一步巩固自身的产业链地位。在质量制造方面，航盛电子积极引入丰田管理模式，设置了 HPS 航盛制造系统，通过管理生产过程，实现生产制造标准化及管理系统的持续改善。

作为资本、知识、人才和技术密集型企业，航盛电子通过供应链合作，整合行业资源，打造了强有力的竞争优势，进一步促进其新阶段的发展。在智能网联汽车生态中，互联网企业、终端厂、整车厂各具优势。航盛电子的优势在于其优秀的车规级硬件开发能力、车厂合作开发方面的丰富经验，但缺乏互联网企业可提供的系统开放能力、网络信息平台及整车厂可提供的车主数据。于是，航盛电子积极加强与互联网企业及整车厂的产业协同，与百度、华为、中兴通讯、中航工业等企业达成战略合作，通过横向或纵向互补的方式进行资源和能力的共享，合作打造协同的竞争优势。例如，航盛电子与百度在系统、服务、商业等方面进行了深度合作，目前已完成智能及网联两部分框架的搭建；与中兴通讯合作，航盛电子则聚力汽车操作系统、车规级芯片，打造智能网联应用场景下高效、本土化的解决方案。2018 年，东风日产与航盛电子共同出资成立东风航盛汽车控制系统有限公司，重点打造新能源汽车控制系统产品的研发和制造。

除了上述实体的投入之外，航盛电子在发展过程中逐渐形成自身浓厚的企业文化。航盛电子的核心价值观是诚信、专注、拼搏和创新，并基于此形成了三大文化特征——自主创新与开放创新相结合，军工精神与特区精神相结合，国际化与本土化相结合。正是由于航盛电子对于价值观和文化的执着坚守，在汽车电子市场长期深耕，在思维变革、体制变革、机制变革、组织变革上持续发力，最终才实现产品、质量和经营的不断突破。

五、思考与小结：借势内化，强化专一韧性之“核”

航盛电子由一家汽车音响小企业起步，在随后的发展中以工匠精神深度聚焦汽车电子市场。其依靠专一持守与借势发力的有机结合，形成内外合一的优势，强化组织韧性，使各类资源化异为同、转为己用，以此克服金融、人才政策、产品多元化等方面的“小组织劣势”（Aldrich & Auster，1986），脱颖而出成为国内“专精特新”“小巨人”的代表（见图 2-1）。事实上，国际上的隐形冠军企业正是中小企业的典范——深度聚焦于特定细分领域，大多不为公众所闻，却领军利基市场。

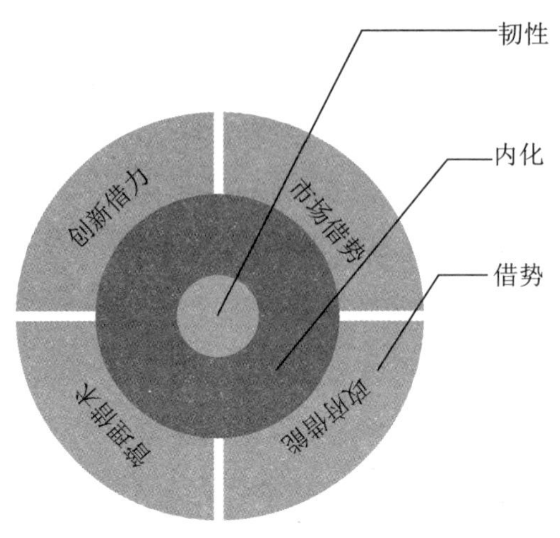

图 2-1 中小企业聚焦战略模型

第一，多方借势，积蓄发力。中小企业受限于体量，难以实现规模经济，更面临资源和能力的约束，因此更需“借势”，从外部环境中获取资源，通过战略联盟在知识转移、国际扩张、成本降低等方面达成合作。在这方面，航盛电子的经验可供借鉴。随着价值链的延长，为了进一步优化上游软硬件采购、车载产品生产、下游前装后装市场各环节效益，航盛电子通过合作，采取向先进企业、外部市场、政府部门等各方借势的方法，展开布局，以外促内，推动发展。

航盛电子善于通过跨组织边界的合作，充分利用外部资源实现开放式创新，实现企业内外部信息、市场、技术资源的交互，提升企业的技术创新能力。航盛电子起步初期，技术水平落后，其以自身在国内市场的信息、渠道优势，主动寻求与韩国现代汽车供应商南胜电子合作，借助外资力量，使自身获得了技术加成，进而推动了其首条轿车配套生产线的完备，最终实现完全替代。而在新时期，航盛电子则主动与百度、中兴通讯等各类科技企业合作，强化智能网联汽车参与度，在硬件设施和云计算等领域促成资源交互、主动借势、孕育创新的内化能力。

航盛电子还专于国内利基市场，从全球扩张、品类拓展两方面，汲取市场配置资源的力量，从外部借势，提升自我优化的市场协同能力。其在德国设立海外技术中心，通过借助与欧洲大众等品牌合作，在汽车智能互联项目中塑造自身的国际影响力。所谓“因其所用，何敌之有”,“走出去”也是为了更好地“引进来”，航盛电子借势布局，堪称“力小势大”，形成了外部赋能、“虚外盈内”的潜在优势。面对新时期的市场拓展，航盛电子持续丰富地域维度，不断拓展产品维度，将其扩充至座乘电子、驾驶辅助、新能源三电等协同品类。航盛电子对新型相关市场始终保持积极参与态度，并将其视为有潜力的战略市场，密切关注时代航向，为进一步因势利导、借势扩局而积蓄内力。

航盛电子也充分借鉴先进文化、制度和标准。精细化的管理制度能实现生产制造、人员培养、运营营销等环节的专业化、标准化，引导企业行为，进而塑造企业文化，而企业文化又反过来影响公司制度的制定，形成正向循环。航盛电子在与日产合作时曾派大量员工前往日本工厂进行考察，深入了解日产的汽车文化，主动借鉴，秣马蓐食，以期为己所用。航盛电子还引入了丰田管理模式，设置了 HPS 航盛制造系统，涉及管理采购、生产品质、员工培训等环节，实现了生产制造的标准化。

在国内中小企业的发展中，尤其是在新能源等战略新兴产业发展之初，政府的赋能、政策的支持不可或缺。在政府赋能的同时，航盛电子也主动寻求与政府的衔接，主动融入政策的制定实施。航盛电子参与了《国家车联网产业标准体系建设指南（智能网联汽车）》中车联网总体架构、汽车的安全和大数据分析三大核心标准的起草，通过互动，尝试建立良性政商合作。借助并非仅依靠政府，还借外强内提升了自身的业内话语权。

第二，内化吸收，巩固内核。“主动借势”须通过企业内因，增强专一持守的基因禀赋，形成“内化合一”的系统性核心能力，才能提升竞争优势。而实现内化吸收，促成外部资源内化，强化知识的形成和转移，降低对外依赖度，特别考验企业对新知识的识别、吸收、转化与应用。以航盛电子为代表的中小企业在内化方面付出了大量努力。以内化创新为例，在与先进企业合作时，一方面汲取其现有技术，推动高效的转移生产；另一方面，也基于原有技术和自身实践经验，努力实现技术的渐进型创新，或是市场拓展——坚持价值导向而非价格导向，提供精益技术与服务，以确立竞争优势，塑造自身品牌价值。

航盛电子作为一家中小企业，未来仍须进行更深层次的内化。在技术上，航盛 IVI 的相关专利申请量未进国内前 10①，需进一步加强可与第一梯队匹敌的自主创新能力，摆脱从国外引进的掣肘，实现突破性创新，谨防被中途入场的互联网企业及新能源车企“弯道超车”。在品牌上，不宜过度依赖上下游合作关系，防止具有强大集成融合能力的厂商威胁自身发展。在管理上，不止于学习国外车企“汽车文化”之皮毛，而是转化、形成自身特有的先进管理制度与文化，培育出独立于外来文化、不依托于企业家个人的企业治理逻辑，才能获得长远的可持续发展。在政策上，航盛电子须认识到，政策红利毕竟有限。面临“新四化”趋势，一旦互联网企业与新能源车企跨界进入汽车电

① 智慧芽 . 智能汽车产业系列之一：智能座舱及车载信息娱乐系统技术洞察报告 .（2022-02-26）https://max.book118.com/html/2022/0224/5022313030004143.shtm.

子产业，传统厂商享受的政策红利将被稀释，唯有居安思危才能行稳致远。

第三，应时而变，韧性跨越。航盛电子聚焦战略，以借势内化为主要抓手，核心则在于“韧性”。韧性，即随着外部环境的变化，企业在逆境条件下承受冲击、保持甚至改进运营的能力 (Kahn et al., 2018)。改革开放 40 余年以来，面对市场、技术环境的风起云涌，中国的中小企业在绝地中求生、发展壮大，充分展现了主动抗压、自我修复的“免疫型韧性”，韧性的能力禀赋日渐增强。面对技术的日新月异，航盛电子积极开展各方合作，借势于外，蓄势于内，紧跟潮流，承受住了金融危机的冲击，拒绝外商收购，顽强实现了营收持平。航盛电子的“免疫型韧性”可谓“丹青不渝”。

然而，“免疫型韧性”更多是应激的、反应式的，稍有不慎就会落入“核心刚性”“路径依赖”的陷阱，形成“战略惰性”“组织惯性”，在环境发生较大变化时，易因墨守成规而难于因应。因此，韧性更需“应权通变”，主动适应环境变化，而非“迫而后动”。尤其在技术市场发生颠覆式变革的时期，更需具有非应激防御导向的前瞻性“跨越型韧性”，在大变局中反思战略，积极变革，锐意出新，脱胎换骨，谋局转进。

当今时代，中国正面临百年未有之大变局，人文科技、政治经济等各种因素都在发生深刻变化，特别是经济运行日趋复杂，各行各业正面临全面洗牌，中小企业面临比以往更大的管理压力。在“新四化”背景下，座舱电子是当前汽车的重要变革点，新技术、新市场对融合能力和定制化开发能力提出了更高要求。航盛电子的比较优势在于后装市场，但由于前装产品品质及稳定性更高，更受车企追捧，前装渗透率预计将快速提升，后装产品企业的基础优势被削弱。而其软件研发能力不足、关键零部件依赖上游、内部治理不完善等痛点依然明显，长期深度聚焦局部功能也导致其融合能力、定制化开发能力见绌，这些因素在传统汽车市场虽不致命，但随着“新四化”浪潮的兴起，将牵制企业的进一步发展。

同时，智能化对软件等资源的要求更高，整车厂、科技企业、本土第三方厂商、海外厂商 4 种势力竞争博弈，角逐座舱电子行业，为传统企业带来了新的挑战。目前，国内外的多家企业，如奔驰的 MBUX、宝马的 Idrive、吉利的 GKUI 等，都采取了自有研发方式。科技公司也跃跃欲试参与跨界竞争，华为的鸿蒙车载操作系统在安全性和开放性上超越了当前主流系统，有望重塑底层操作系统市场。在 2021 年上半年，航盛电子的国内 IVI 市场占有量从 2020 年的 8.2% 下降至 6.6%，而其主要客户仍多为传统车企，在新市场中还有较大布局空间。对比之下，其最大竞争对手德赛西威作为上市公司体量更大、业务范围更广，可借力于智能座舱的发展大势，产生更强的协同效应，从而在新能源领域持续发力。

在长达近 30 年的发展历史中，航盛电子始终发扬专一持守的坚韧精神，借势内化，蓄势而发，造势而起，以外促内，内化为能，铸就了强大的组织韧性、系统能力。面向未来，航盛电子更需应时而变、顺势而为，化挑战为新机，乘势而上，不断提升自主创新能力，融合产业上下游，构建全栈式技术创新生态圈，努力成为世界一流的汽车电子生产者。

大国起航，盛世脊梁。制造业的发展离不开各中小企业的不断创新、奋力拼搏。然而，从整体上来看，我国的“专精特新”企业目前与全球隐形冠军还有较大差距。航盛电子代表的是中国 5000 万家中小企业，它们在改革开放的大潮中蓬勃成长，如今亟须提高自主技术研发能力，适应产业转型升级。在技术变革浪潮的冲击下，产业链加速融合，中小企业一来需要聚焦于细分市场，提高技术自主创新水平，打造无可替代的核心能力；二来需要借势，提高全产业链、价值链合作，通过生态伙伴、战略同盟来支撑自身转型。在此基础上，它们更需深层吸收、内化外部资源与能力，并在巩固“免疫型韧性”的同时，克服有可能出现的潜在惯性、惰性，打造具有前瞻性、灵活变通的“跨越型韧性”。唯有如此，才能在面对“百年未有之大变局”的机遇与挑战面前乘风破浪，扬时代风帆，驶向星辰大海。

前海自贸区

凭高应运生　海阔行远志

昔日蛇口西侧一片不起眼的浅海滩涂，如今已高楼林立、生机勃勃，在这片新的绿色生态、湾区水域中，一座引领时代、辐射全球的国际化城市新中心已悄然崛起。10余年间，在这里，前海自贸区创造出一个又一个傲人的成就，抚今追昔，令人感慨万端。前海自贸区是习近平总书记亲自谋划、亲自部署、亲自推动的新时代国家重大改革开放的战略平台。前海人牢记习近平总书记的殷殷嘱托，永葆闯的精神、创的劲头、干的作风，不断推出务实的创新举措，探索更多可复制、可推广的经验，在深化深港合作、共建"一带一路"、推进粤港澳大湾区建设、高水平参与国际合作方面日益发挥出巨大作用，为深圳建设中国特色社会主义先行示范区、创建社会主义现代化强国的城市范例、率先实现社会主义现代化勇当尖兵。作为持续改革创新和深化对外开放合作的窗口和平台，前海又带给我们哪些启示呢？带着浓厚的兴趣和问题，我们参访了前海管理局。这是深圳市建立的法定机构，一个既区别于地方政府也区别于企业组织的机构——其本身就已经是颇具改革创新特征的制度设计。在这里，我们对前海自贸区有了更深更全面的认识。

一、依湾区应运而生

仲夏时节，珠江接天浪涌，岭南连海潮平。2022年7月1日，中国香港已回归祖国25周年，“一国两制”事业开拓前行，取得辉煌成就。香港融入祖国发展大局，“东方之珠”在粤港澳大湾区的环抱中熠熠生辉，谱写着“背靠祖国，面向世界”的崭新乐章。粤港澳大湾区包括香港、澳门、广州等9个城市，今年大湾区融合发展加速、产业融合进一步加深，实现了“软硬联通”，获得了骄人的成绩——2021年，粤港澳大湾区经济总量约为12.6万亿元，其高开放度与经济活力使大湾区以不到全国1%的地理面积创造了全国12%的经济总量。

1978年，中国共产党第十一届中央委员会第三次全体会议作出把党和国家工作重心转移到经济建设上来的决议。1980年8月深圳经济特区正式成立，积极利用邻近香港的地理优势，开始了先行先试的征程。在深圳经济特区成立之前，已有一群人在这片遍布淤泥的南海岸边放起了“开山炮”——他们是时任中华人民共和国交通部香港招商局常务副董事长袁庚和他的伙伴们。1979年中央决定建立蛇口工业区，作为经济改革第一个试验区，次年，袁庚出任蛇口工业区建设指挥部总指挥，这片2.14平方公里的工业区开启了全面的改革探索。

蛇口工业区的探索创下了多项改革的“国内第一”。最初的蛇口工业区由香港招商局管理。1984年，蛇口组建一级地方政权组织——蛇口区管理局，具有企业和政府的双重特征，并有较为独立的治理权，“蛇口模式”便是对其经济发展特征和管理体制的概括。在蛇口，人们实行聘用制、改革分配方式、实行工程招标、进行无记名投票。当袁庚和蛇口人民写下“时间就是金钱，效率就是生命”时，改革创新的幼苗早已在这片特区的热土上成长起来。1992年邓小平南方视察，进一步推动了改革开放，深圳的发展开始提速。那时，蛇口西侧不远处还有一片浅海，那里的填海造陆还停留在规划阶段，连块像样的干燥陆地都没有，这片浅海只有一个名字，叫“前海”。观察今天的前海管理局，蛇口区管理局的影子若隐若现——企业治理的结构、“法定机构”的地位、制度创新的权力……这一切无不昭示着前海独特的历史使命：这里将是改革开放的下一个试验区。

世纪之交的中国，吸引着世界的目光，而中国的目光，则朝向南海之滨的经济特区。2001 年，中国正式加入世贸组织，旺盛的出口需求正在整个珠三角地区掀起加工业的高潮。在开放的最前沿，深圳孕育了无数机会，诞生了许多传奇。无论是科技龙头中兴通讯，还是互联网巨舰腾讯，抑或是半导体先锋 TCL 华星光电，在这些企业的各自发展道路上，改革开放的热潮是故事里不变的激扬背景，敢为人先的精神是其成长中的共同基因。作为这些企业的承载者，深圳也在不断扩大自己的城市疆域，北部群山环绕、南方毗邻香港、西侧大片尚未建设的浅海滩涂都成为理想的开发区。早在 20 世纪 90 年代，南山区便持续进行填海造陆工程，前海渐渐变为陆地，15 平方千米的土地历经一系列流转、整合，被纳入深圳市扩张的又一战略高地。 2010 年 8 月 26 日，深圳经济特区迎来 30 周年生日，前海获得国务院批复，正式成为前海深港现代服务业合作区（简称前海合作区）。

二、擘画战略显优势

如今，前海自贸区位于深圳西部、珠江东口岸，一头背靠广阔的国内市场，另一头沟通港澳，紧密联结世界市场，综合地理优势突出，海陆交通发达。20 世纪 80 年代左右，前海作为发展备用地蓄锐待机。

广东是改革开放的排头兵、先行地、试验区，在我国改革开放和社会主义现代化建设大局中具有十分重要的地位和作用。21 世纪初，为建立开放型经济体，广东开启了与港澳合作的新篇章。2003 年内地与港澳签署了《内地与港澳关于建立更紧密经贸关系的安排》；次年提出了泛珠江三角区域合作（简称“9+2”）机制；2008 年《珠江三角洲地区改革发展规划纲要》（以下简称《规划纲要》）出台，提出到 2020 年粤港澳城市群将成为全球最具核心竞争力的大都市圈之一。至此，初步构建了粤港澳的经济合作机制，粤港澳成为我国深度参与国际竞争合作的战略要地。

为充分发挥深圳经济特区先行先试的作用，进一步深化粤港紧密合作，《规划纲要》中首次提出了“前海概念”。2010 年 8 月，国务院批复同意《前海深港现代服务业合作区总体发展规划》（以下简称《发展规划》），明确将前海建设成为粤港现代服务业创新合作示范区。至此，前海成为构建全国新发展格局的重要战略板块。

2012 年 12 月，习近平总书记在党的十八大后离京视察的首站即抵达前海，寄语前海要把握“依托香港，服务内地，面向世界”的总定位，做最浓缩、最精华的核心引擎，支持前海实行比经济特区更特殊的先行先试政策。之后，习近平总书记又先后三次赴广东考察调研、两次参加全国人大广东代表团审议。2017 年 10 月，习近平总书记在党的十九大报告中指出："以粤港澳大湾区建设、粤港澳合作、泛珠三角区域合作等为重点，全面推进内地同香港、澳门互利合作。"这标志着粤港澳从区域经济合作，上升到全方位对外开放的国家战略。2018 年 10 月，习近平总书记再次视察前海，指出前海的模式是可行的，勉励前海要研究出一批可复制、可推广的经验，向全国推广。2019 年 2 月，《粤港澳大湾区发展规划纲要》再次明确提出"强化前海合作发展引擎作用"，以驱动深港现代服务业合作区的开发建设与粤港澳大湾区的发展。2020 年 10 月，深圳经济特区建立 40 周年庆祝大会在前海隆重举行，习近平总书记第三次亲临前海，强调"要深化前海深港现代服务业合作区改革开放"。2021 年 9 月，《全面深化前海深港现代服务业合作区改革开放方案》（以下简称《前海方案》）发布，前海合作区将打造粤港澳大湾区全面深化改革创新试验平台，建设高水平对外开放门户枢纽，作为"特区中的特区"，前海进一步被赋予了新的使命，作为叠加推进国家战略的特殊区域，肩负着自贸试验区、深港合作区、"一带一路"建设的三大国家战略，是保持港澳长期繁荣稳定的重要载体和推动改革开放的前哨阵地，在全国新发展格局中发挥着重要功能作用。

三、全面赋能铸引擎

"精耕细作，精雕细琢，一年一个样，一张白纸，从零开始，画出最美最好的图画。"在习近平总书记的殷殷寄语中，经过不断开发建设，如今前海的现代服务业发展迅猛，制度创新成果层出不穷，联动港深功能愈加凸显。在深港合作上，前海推出百余项惠港利港政策，建成深港创新中心等深港合作平台，截至 2021 年 8 月，累计注册港资企业共1.15万余家。前海，这片充满生机的热土，改革、创新、发展的时代脉搏正在蓬勃跳动。

1. 释放创新动能

前海以不足深圳市0.8%的面积，为全市创造了约9.3%的附加值贡献。经济指标背后更重要的是前海骄人的制度创新成果，它们从多方面强化了前海的综合竞争力，更是将创新动能不断向深圳经济特区、大湾区乃至全国释放，目前已初步形成了以制度创新为核心、以“条例+办法+指引”为规则体系的前海模式。截至2021年11月，前海在贸易自由化、投资便利化、金融开放等方面累计推出制度创新成果685项，率先推出注册资本认缴制、外商投资“一口受理”等便利制度措施，为企业提供高效便捷的商事登记服务。为了更好地推广创新成果，前海探索了多种复制推广渠道，充分发挥了作为全面深化改革、扩大开放的试验田作用。第一，在市级层面建立协同联动机制，体制内的创新成果在各部门间共享；第二，通过自贸区联盟渠道，将前海的创新成果推广至全国21个省市区设立自贸区的60余个小地区；第三，依托内地省市与前海建立的合作区机制，与哈尔滨、西安等地交流互通，推广前海的创新成果，协助制度创新在内地市场环境中本土化落地。

作为我国唯一批复的中国特色社会主义法治建设示范区，截至2021年11月，前海累计推出法治创新成果150余项。在法律机构方面，最高人民法院第一巡回法庭、第一国际商事法庭、粤港澳大湾区国际仲裁中心等已落户前海。同时，前海率先探索“国际商事调解+法律查明”的全新调解模式，设立全国首家按法定机构模式治理的仲裁机构，推动成立深圳前海国际商事调解中心、深圳蓝海法律查明和商事调解中心[①]。在国际司法方面，前海率先开创中国仲裁裁决按照联合国《承认及执行外国仲裁裁决公约》在境外获得承认和执行的先例，裁决在海外普遍获得执行[②]。深圳知识产权法庭、深圳金融法庭也已挂牌成立。“在香港做不到的，在内地做不到的，我们可以在前海先行先试。”深圳国际仲裁院理事会理事梁爱诗的话展现了前海法治化道路创新的先行意识。在法律服务方面，前海已成立首家粤港澳联营律师事务所，在全国15家粤港澳联营律师事务所中，有7家设在前海。在法律实践方面，前海在全国首创“港区调解”与“港区陪审”制度，选任外籍、港澳台籍人员担任前海法院陪审员，发挥陪审员在金融、科技、文化产业等领域的专业优势，提高了司法公信力和法治环境建设水平[③]。

2. 协调区域联动

粤港澳大湾区是我国深度参与国际竞争合作的战略要地，前海是大湾区重要的战略支撑板块，在促进粤港澳经济一体化、推进粤港澳经济运行机制的对接上起着不可替代的作用。将前海自身建设成促进粤港澳三地经济一体化发展的创新平台和新增长极，有助于增强香港—深圳极点势能及辐射带动珠江东西两岸发展，有效整合粤港澳及其所维系的海内外多样资源，从而大幅提升粤港澳大湾区的全球影响力及竞争力。“软硬联通”是前海在区域联动中的重要特点之一。

作为协调区域联动的重要单位，前海在加强港澳企业与内地的联结上推出了具体的联动措施。例如，举办港人港企系列政策宣讲活

---

① 深圳前海 政企通 | 前海营商环境建设五大亮点！访谈回顾来了 https://mp.weixin.qq.com/s/PEvYOXj1XbCZHH3Z6xxnaA

② 深圳前海法院 https://www.thepaper.cn/newsDetail_forward_12170776

③ 一部分来自前海官网，一部分来自央广网 深港早知道 | 前海创业？港籍陪审员已提前就位 http://news.cnr.cn/native/gd/20170714/t20170714_523850574.shtml

动，出台“深港通注册易”等一批跨境政务便利化举措，设立“前海港澳 e 站通”服务网点以提供商事登记、涉税、社保等 200 多项服务。

在区域联动战略的驱动下，前海在协调区域联动方面取得了重大成果。跨境资金流动更加活跃，截至 2021 年底，前海自由贸易账户中与香港发生的跨境收支占 85%。2021 年，前海在港资企业数量同比增长 156%，实际使用港资 50.6 亿美元。2022 年第一季度，前海新增港资企业 118 家，实际使用港资 12.72 亿美元，占实际使用外资的 92.97%。跨境贸易联通更加流畅，前海联动前海枢纽港、深港组合港、湾区港口群、国际港口链建设国际贸易组合港，粤港澳大湾区首个 5G 智慧港口开港运营，2021 年，深圳西部港区实现吞吐量 1460 万标箱、同比增长 9.59%，创历史新高。前海创新“水运接驳分流”模式，供港专线累计运送集装箱标箱数和货物量均占深圳市 60%，提高了运输效率。中共中央、国务院印发实施的《前海方案》为前海建设发展擘画了宏伟蓝图，前海将继续用好、用足扩区重大利好，让前海成为更多港人、港企创新创业的港湾。

3. 赋能产业

近年来，前海为香港企业量体裁衣，从金融业到服务业、从物流业到餐饮业出台了多项产业政策。2021 年以来，更统筹提供产业空间 82 万平方米以支持产业发展。

前海是创新金融服务实体方式的前哨基地，其在全国率先推动实现“六个跨境”业务，实施粤港澳大湾区首批“跨境理财通”业务，推进人民币业务创新，建设前海深港国际金融城。截至 2022 年 7 月，跨境股权投资管理规模超 400 亿元，跨境金融已成为前海对外开放的“金字招牌”。其中，在跨境融资层面，前海积极探索和推进跨境人民币贷款业务试点，依托香港地区低融资成本的优势支持前海企业的发展。2012 年出台《前海跨境人民币贷款管理暂行办法》，允许设立在前海的内资企业免于向外汇局申请外债额度。2021 年，前海实际利用外资 54.02 亿美元。在直接融资层面，前海通过构建多层次资本市场体系，拓展企业直接融资渠道。截至 2019 年 10 月，前海股权交易中心成立仅 7 年时间，已完成企业展示总数 7047 家，托管股权总数 53.27 亿股，助力企业获得融资总额 526.34 亿元。前海作为改革先行者，不断为人民币的国际化探路，推进跨境人民币业务创新改革，2021 年，前海率先推动首批本外币合一银行账户试点、全国首批跨国公司本外币一体化资金池业务试点落地。为进一步聚集金融企业，同年 10 月，前海启动建设前海深港国际金融城。同时，前海深港现代服务业合作区管理局出台《深圳前海深港现代服务业合作区支持金融业发展专项资金管理暂行办法》。

在《粤港澳大湾区发展规划纲要》中，前海的任务之一便是建设新型国际贸易中心。前海自贸区的贸易和现代物流业历经三个发展阶段。第一阶段是深港贸易的物流仓库。前海作为“前店后仓”模式中的“仓”，为香港货物提供仓储服务，由物流公司向香港配送货物。第二阶段是贸易的通关结算中心。2015 年深圳前海自贸区挂牌成立后，前海成为贸易公司结算的目标地，华为等一批公司逐渐将部署在香港的仓库撤回至更具结算供应链管理优势的前海。第三阶段是内外双循环的节点。得益于优越的自贸区政策，一大批国际 500 强企业选择将亚太总部设置在前海自贸区内，前海成为中外贸易的重要节点。下一步，前海希望打造新型综合保税区，尝试“一线完全放开，二线单侧申报”等制度性安排。在前海综合保税区，跨境贸易物流运行顺利：一辆辆载满货物的集装箱货车在关口排队驶入，数以百万计的跨境包裹在此清关，并在 20 分钟内送到电商包裹清关，1 小时内到达香港机场，发往世界各地。截至2022年4月，前海跨境电商累计出口包裹超10亿个，货值近600亿元。前海已实行电商的全业态服务，购物、展览、销售、退换货全链条发展。2022年7月1日，《深圳市前海深港现代服务业合作区管理局促进商贸物流业高质量发展办法》出台，奠定了扩区后"大前海"在商业贸易方面的发展基础。

从科技角度来看，前海管理局将与香港大学签署战略合作框架协议，建设香港大学大湾区金融科技研究院、香港大学（深圳）高等法律研究院，推进前沿技术研发及产业化。此外，还与香港知名高校合作，在前海培养涉外法学、金融等尖端人才，同时引进香港尖端智库、研究所、咨询公司，建设智力高地。

2022年6月，《深圳市人民政府关于发展壮大战略性新兴产业集群和培育发展未来产业的意见》（以下简称《意见》）出台，推动前海建设现代时尚产业集聚区、建设智能机器人产业集聚区，对优化前海产业布局、提升其产业链与供应链竞争力具有指引性作用。例如，香港十大杰出新青年、RubyFang高级定制服装品牌创始人方丽华正是看到了这一趋势，提前布局，创建时尚品牌，入驻青年创新创业中心。同时，前海着手打造智能机器人产业集聚区，扩区后的前海覆盖了部分宝安区域，充分依托其制造产业基础及市场规模，获得了"就势取利"的发展先机。在海洋产业集群上，前海坐拥630平方公里海域，目前已注册涉海企业2000余家，覆盖11个行业门类。

4. 落实各项建设规划

从招商角度来看，前海在税收减免、负面清单等常规优惠政策的基础上，将制度与规则的衔接作为吸引港澳企业入驻的绝佳"软环境"。一方面，前海加快推出优化前海合作区营商环境行动方案，做好各项惠企政策宣传解读；另一方面，建设天然气贸易、大宗农产品贸易、电子元器件交易等重大平台，带动特色产业集聚发展。前海组建前海招商引资专业委员会，计划每周至少组织开展一场招商引资活动，做到“周周有活动、月月有政策”。此外，前海还从三方面进行制度创新，促进跨境金融一体化、贸易监管体系高效集约便利化、法律规则一体化。深圳前海管理局副局长袁富勇谈及前海招商成效时说：“前海向前，未来已来。世界500强企业已有324家在前海投资，聚集汇丰控股有限公司、香港交易及结算有限公司、瑞银集团、嘉里集团、沃尔玛百货有限公司、IBM、香港利丰集团、思谋科技、普华永道咨询公司、波士顿咨询公司（Boston Consulting Group，BCG）等一大批知名企业。”

从人才引进角度来看，前海着力引进高层次、专业化、创新型人才，主要从三个方面采取行动。

第一，前海利用本区制度创新优势引进人才。其先后制定香港会计师、注册税务师等专业人士在前海执业的办法措施，降低准入门槛，让香港的专业人士可以顺利进入前海工作。2018年，前海在全国范围率先取消了港澳居民就业证要求。同时，推出《港澳涉税专业人士在中国（广东）自由贸易试验区深圳前海蛇口片区执业管理暂行办法》，解决港澳涉税人士跨境执业的税务问题。

第二，招揽国际人才。2022年前海国际人才港正式启用，落实“以一域服务全局”的战略定位，打造系列论坛与品牌活动。前海国际人才港与BCG协同打造“100项运营活动计划”，开展行业及热点话题研究报告发布会、CEO对话沙龙、碳中和研讨会等一系列人才活动[①]。前海国际人才港一站式“服务包”为6类人才提供100项个

① 前海金融城邮报 前海国际人才港助力大湾区企业出海“乘风破浪” | 人才服务 | 金融_网易订阅 (163.com)

性化服务，如“战略科学家”匹配高层“联络员”、重大项目“启动金”、入驻办公“无忧宝”、高端公寓“安心住”等25项服务。

第三，前海实施完全市场化的的人才评价制度。前海在人才招揽上不唯学历或职称、不拘一格，吸引了大批AI、科技金融等全球科技高端紧缺人才[①]。此外，前海还推出“前海港澳青年招聘计划”，为港澳青年提供丰富的就业机会，并辅之以人才引进优惠政策。例如，符合要求的高层次人才按15%征收个人所得税，为符合要求的香港人才提供人才保障房等。2022年，前海为香港人才总共提供400套人才安居房。“40平方米左右，一房一厨一卫户型，月租仅为同区域商品房小区租房价格的1/4，甚至1/5……地铁4个站就到，真是解决了很大问题！”在前海来画公司工作的24岁“港青”波比对人才服务政策十分满意。

从知识产权保护的角度来看，前海的重要布局之一是打造知识产权司法保护示范区，驱动知识产权支撑区内产业和制度的创新发展。在立法方面，于全国率先制定出台了《关于知识产权民事侵权纠纷适用惩罚性赔偿的指导意见》。在司法方面，建立知识产权诉讼案件快审模式，探索导入港籍陪审员参与庭审，突出适用行为保全措施，着力提高司法救济的实效性，首次探索“适用七人合议庭模式”审理社会影响大的知识产权案件。2021年12月，“深圳前海知识产权国际论坛”顺利举办，前瞻性地提出“打造知识产权标杆城市”的建设性意见。

从创新创业角度来看，前海着力打造前海深港青年梦工场和前海深港基金小镇项目，依托平台载体促进创新技术的落地和创业公司的

---

① 深圳新闻网 解码前海高质量发展“四字诀”③丨前海之“才”_深圳新闻网 (sznews.com)

孵化。在 2022 年前海粤港澳台青年创新创业大赛的启动仪式上，前海发布了惠港 9 件实事，覆盖住房、创业、就业等方面，包括推出人才住房 400 套、发布 800 个港澳青年工作岗位、拓展香港青年创业空间等实打实的举措，为港人港企在前海的发展提供全方位的支持。2022 年 8 月，占地面积约 9 万平方米的深圳前海深港青年梦工场北区正式开园。

在政策的积极推动下，越来越多踌躇满志的香港青年看中了前海良好的就业创业环境与发展前景，怀着梦想走入前海。香港青年李志峰连续参加了两届“前海粤港澳台青年创新创业大赛”，在专家的辅导下和与其他参赛团队的交流中，李志峰不断打磨项目的商业模式，并在 2021 年斩获了企业组银奖。曾在知名投资银行工作的高诺收到前海管理局的橄榄枝，被前海梦工厂的创业环境与物业管理水平打动，在前海创立“工业四库”，如今团队自主研发的 ADAS 填补了国内的技术空白。在先行先试的政策优势下，前海成为了港澳创客的梦工场，自前海于 2021 年推出“港澳青年招聘计划”起，前海累计与 3910 名的港澳青年建立联系。在创业者们聚集于前海的同时，一批天使基金和投资人也在前海扎根。前海种子期孵化器创始人陈维伟认为，前海对于创业者尤其是初创者的扶持态度坚决，自己作为天使投资人看到了许多“未来种子”正在发芽成长。

前海的扩区，还在于政策扩区与市场扩区同步进行，各种配套设施与服务也接连落地。不仅吃、住、行、游、购、娱等方面的配套设施日臻完善，企业入驻和就业规模均呈现数量级的提升。

四、前海自贸区发展模式独具特色

作为经济特区、粤港澳大湾区、深圳先行示范区、自贸试验区和深港合作区“五区叠加”的战略交汇之地，前海的发展模式独具特色，具体体现为政治性、协调性、服务性、探索性四个方面。

（一）政治性：前海的定位和作用充分体现国家战略

规划前海的治理格局要求具备高度的政治领悟力。前海管理局与曾经的改革开放先锋——蛇口区管理局有相似之处，然而，随着当今国际国内政治形势、经济发展、外部环境的发展变化，前海已被赋予了新的更高要求，尤其是其承载的政治责任和国家战略使命。

放眼全球，各国自贸区建设多是作为经济功能区，承担贸易通关、产业支持、技术交流作用，新加坡、迪拜等世界知名自贸区多以经济开放和管理高效闻名。而在我国，自贸区不仅有着经济发展功能，更承担着全国一盘棋的战略目标，在深化改革、带动区域发展、建设营商环境、促进文化交流等多方面为全国大局提供支持，其政治性不言而喻。

纵观大湾区 3 个“特区中的特区”：珠海横琴粤澳深度合作区管委会由广东省长和澳门特首担任主任，强调广东省与澳门特别行政区的省级合作机制；广州南沙区由广州管理，但远离港澳两大特别行政区，强调辐射带动珠三角腹地；深圳前海则着重港深融合发展——作为深圳先行示范区的一部分受到经济特区立法权等自主权覆盖，作为香港的毗邻区吸引和发展现代服务业。《前海方案》中，中共中央、国务院用“打造粤港澳大湾区全面深化改革创新平台，建设高水平对外开放门户枢纽”定义前海战略。深入理解《前海方案》精神、透彻领悟国家战略意图，既是前海的“必修课”，也是相比同类自贸区、合作区前海可以“做文章”“显特色”之关键。无论是习近平总书记2012年、2018年、2020年三次到访、寄语前海“依托香港，服务内地，面向世界”，还是中共中央、国务院高规格发布《前海方案》，联合和多部门、多地区建立“前海部际联席会议”协调机制，都体现出前海发展具有政治性强、战略层次高的特点。

而深刻分析国内外发展大势，可以看到，近年来国内外风险挑战明显增多，我国经济发展面临多重压力，国际环境日趋复杂严峻。特别是，这些年新加坡自贸区等加速崛起，显示出东南亚国家的竞争环境、竞争方式正在发生变化。大湾区作为区域发展战略的重要组成部分，必须彰显扩大对外开放、积极推动经济全球化的决心与意志。习近平总书记在广东考察时特别强调：“中国改革不停顿，开放不止步，中国一定会有让世界刮目相看的新的更大奇迹。环境越是复杂，我们越是要坚持改革开放不动摇，绝不会回到关起门来搞建设的老路上去。”①

同时，由于客观上需应对的风险挑战、解决的矛盾问题比以往更错综复杂，也更体现出大湾区在对外开放、国际竞争中的特殊意义和作用。习近平总书记指出：“在国家扩大对外开放的过程中，香港、澳门的地位和作用只会加强，不会减弱。希望香港、澳门继续带头，并带动资本、技术、人才等参与国家经济高质量发展和新一轮高水平开放，特别是要把香港、澳门国际联系广泛、专业服务发达等优势，同内地市场广阔、产业体系完整、科技实力较强等优势结合起来。”②

正是在这种特殊背景下，前海自贸区以其独特的区位战略优势，

① 习近平．在融入国家发展大局中实现香港、澳门更好发展.2018年11月12日．

② 习近平．在融入国家发展大局中实现香港、澳门更好发展.2018年11月12日．

在持续扩大对外开放、服务国家战略的总体布局中无疑具有愈发重要的战略意义，也进一步决定了它必须成为一个更加稳定繁荣、充满活力的对外开放及服务的窗口。

（二）协调性：统筹协调深港联动、辐射全国

前海的协调性几乎与生俱来。2011 年，在原有“粤港合作联席会议”基础上形成国家级协调机制。国务院层面成立以国家发改委、商务部等 23 个国家部委和广东省、香港特区、深圳市 27 个政府部门参加的“前海部际联席会议”（以下简称机制），明确前海开发开放政策的总体方向，建立部际协调机制，共同解决前海发展中的重大问题，后来南沙、横琴相继加入。在很长一段时间，“前海部际联席会议”机制实际承担着推动大湾区协同发展的重要使命，前海部际联席会议锻炼了前海的高位协调能力，塑造了前海的历史使命，更培养了前海主动作为的开拓精神。在《前海方案》中，有这样一句话：“前海合作区要切实履行主体责任，加强统筹协调，解放思想、大胆探索、勇担重任，及时总结提炼好的政策措施和做法，形成可复制、可推广、可操作的经验。”它简单明了地点出了前海行动的重要特点：勇于探索，主动协调，共享经验成果。在实践中，前海在高位规划协调下，逐渐形成联动深港、协同湾区、辐射全国三个层次。

联动深港是前海的主要任务，也是协调性的重要体现。作为深港合作的前沿，前海经历了的 1.0 版经济合作模式、自贸区经贸合作的 2.0 阶段，正进入全面深度融合发展的 3.0 新态势[①]，逐渐从依赖香港产业转移的单一仓储、贸易产业格局迈向“依托香港，服务内地，面向世界”多个现代产业共同发展的新格局，香港一直是前海发展的重

① 引自报道：前海一天发布三大扶持政策，深港合作迎来深度融合 3.0 版

要战略因素。《前海方案》将开发建设前海定义为“支持香港经济社会发展、提升粤港澳合作水平、构建对外开放新格局的重要举措”，前海对于香港的战略意义也十分重要。尽管前海大力支持引进香港现代服务业，但其目的并非替代香港，它的定位更聚焦于深港合作方面扩大香港产业空间、衔接香港制度与规则。目前，深港合作已经迈上新台阶，于 2004 年建立的深港合作会议机制 2021 年升级为两市最高长官参与的高层会晤，“深港合作专班”建立起来[①]。通过各方深度合作，前海将联动深港的目标化作行动，已形成鲜明的发展特色。

湾区协同是前海的发展要求。在《粤港澳大湾区发展规划纲要》的 9+2 城市格局下，深圳前海是与广州南沙、珠海横琴并列的重大平台。翻阅《粤港澳大湾区发展规划纲要》，不同城市和平台，是否只是在按照千城一面的思路规划发展？不同地区如何在大湾区协同发展中防止竞争同质化？湾区协同是高屋建瓴而又脚踏实地的答案。例如，同样是发展金融业，横琴着重在私募基金领域发力，对落地横琴的私募基金总部、私募基金从业者赋予大量税收、落户、项目导入退出方面的优惠措施，已吸引 KKR 集团、美国国际数据集团、高瓴资本集团等头部私募机构入驻运营。前海则紧握贸易供应链管理和香港离岸人民币结算中心优势，将人民币结算业务作为本区金融业发展的差异化方向，推进跨境人民币贷款业务试点，依托香港地区低融资成本优势，支持前海企业发展：一方面避免了和横琴争夺基金资源产生恶性竞争，另一方面合理利用了本区与其他湾区城市的协同效应，发展效益更佳。同时，前海在湾区协同中也扮演着独特的“制度探索者”角色，在建设探索中大力发挥合作发展的引擎作用，衔接香港制度、规则，深化制度创新，并将创新经验成果通过大湾区合作机制分享给

① 部分来自访谈以及深圳发布《八个关键词看深圳“核心引擎”激荡大湾区》

其他湾区城市，形成湾区独特的制度“排头兵”。

在联动深港、协同湾区的同时，前海并未故步自封，而是发挥主观能动性，将发展的目光向北投去，努力将创新成果推广全国，在辐射带动中发现新机遇、创造新价值。从 2012 年起，前海便持续与内地开展交流合作，2018 年前海出台《服务内地、面向世界 推动区域协同发展工作方案》，目前已初步形成全国自贸片区创新联盟、自贸试验区改革创新协同发展示范区、与其他重点区域签署合作备忘录的服务内地“三驾马车”并驾齐驱的工作态势[①]。2017—2019 年，前海与 12 个区域签署了跨区域合作备忘录或框架协议。一方面，前海积极创立服务内地的共享平台，在前海的倡议下，2019 年广东、福建、浙江等 21 个自贸片区或区域共同发起成立全国自贸片区创新联盟，联盟成员在多个领域共享经验，促进经济、技术、资本的合作。另一方面，前海坚定落实框架协议与备忘录内容，与西安高新区合作建立“丝路（西安）前海园”，与武汉、拉萨、重庆、成都等地自贸试验区初步建立合作意向。借助已有协作机制，抓住产业机遇，促进平台建立，前海的成果正在持续服务内地，而其影响力则源源不断辐射全国。

前海目前已形成联动深港、协同湾区、辐射全国三个协调层次，今天位于南部节点的它正在构建第 4 个协调层次——影响世界。2021 年前海“一带一路”贸易组合枢纽港正式开港，这条国际港口链中不可缺少的部分将会成为中国走向世界的重要环节。在未来，前海可能协调东南亚地区及印度洋航线的贸易活动，其着重发展的跨境金融、现代物流、涉外法律等产业都将为这座自贸区在国际贸易中的关键地位提供支撑。前海的协调性，在其先行先试、主动作为中已成为发展

① 深圳特区报 前海：全力推动区域协同创新发展

模式的重要特色。

（三）服务性：服务为重、落地执行

经过多年探索，前海已将服务性内化为其发展模式的特色。服务性首先体现在前海法定机构——前海管理局的服务上。从全球范围来看，由于活跃的市场行为和贸易的国际化属性，各国自贸区管理当局在与常规的一级地方管理机构的对比中普遍体现出较强的服务导向，并且在组织结构上呈现出企业组织的特点，一些自贸区直接由大型（国有）企业管理，如新加坡有 5 个自贸区由新加坡国际港务集团（PSA International）管理，前海管理局也有类似企业的设计。在市场规律的客观要求下，无论是政府组织还是企业集团，都需要及时、优质地服务于自贸区，才能在国际竞争中获得优势。在发展的早期阶段，前海作为深港“前店后仓”的后台，在仓储物流、海关检查等方面积累了经验，自贸区挂牌后，通关结算业务数量的激增倒逼前海法定机构优化工作流程、提高服务能力。在中央规划中，前海将金融、现代物流等五大服务行业作为产业服务赋能方向，这些优势产业的特征也直接决定了服务是赋能的主要方式。前海产业在深度影响法定机构职能转变的同时，真正形成了服务性特色，具体呈现出精细化程度高和人文关怀强的特点。

在精细化运营方面，前海理性区分服务对象，针对不同需求提供个性化服务。从服务对象来看，前海对上需服务国家顶层战略和粤港澳大湾区发展规划，对中需服务深港、湾区城市、其他自贸区和内地合作区域，对下需服务本区居民、企业和外来人员。针对不同的服务要求，前海运用战略目光和数字化手段，实行分类服务。在内地合作区域，前海发挥本区金融业优势，引进“基金小镇”等新模式，赋能

当地实体产业发展；针对前海企业复工复产资金周转难度大等现实问题，前海优化税务系统，推出“出口退税一日达”套餐服务。前海的服务质量，在精细化运营中不断提高。

在人文关怀方面，前海结合群众实情，深度发掘基层党建服务、常规公共服务等方面的价值，不断推陈出新。在创新“1+6+9”党建工程体系下，前海不仅强调党领导一切的角色，更在群众中进行基层党建。基于前海全面建设的情况，在施工项目一线的集中临建区，前海建工苑等地积极建设党群服务阵地。基层党建服务长期关注一线建设者生活，多次组织义诊、电影放映等活动。2022 年前海首次向社会招聘 15 名专职党建组织员，他们为前海党建的服务力量又添生力军。基层党建与公共服务活动体现出前海充满温度与活力的人文关怀。

（四）探索性：集约优势探索实践

“前海，向前是海”，背靠深圳先行示范区，面对大湾区城市群，打造全面深化改革创新实验平台是《前海方案》对前海最重要的期望和要求之一。在《前海方案》中，“探索”一词总共出现了 17 次，探索不仅是前海的发展目标，也已成为前海的发展特色。

前海的探索性，从其管理机构的设置便可见一斑。不同于横琴以管委会为管理机构、南沙采用开发区管委会与南沙区政府双重管理，与改革开放初期蛇口区管理局脱胎自国有企业香港招商局也相异，前海管理局是深圳市建立的法定机构。如果稍加留意，就会发现前海管理局的定义不是地方政府或企业组织，而是“法定机构”——一个似乎陌生的称呼。“法定机构”概念来自于西方国家：通过授权使派出机构管理某项具体事务，是政府“瘦身”的产物。相对而言，法定机构的运作更具活力，在增加服务类型、社会公共服务化方面也更灵活。如今，中国香港有250个以上法定机构，新加坡有60个以上法定机构。内地多年前便开始研究论证法定机构对政府职能转变的推动作用，前海管理局就是这一研究的落地探索。前海管理局是依照《深圳经济特区前海深港现代服务业合作区条例》（简称《条例》）设立的前海合作区法定机构，根据《条例》和《深圳市前海深港现代服务业合作区管理局暂行办法》有关规定履行相应行政管理和公共服务职责。在前海管理局的治理下，前海各类管理机构都在进行着自身组织结构的新尝试，进一步提高治理能力，优化治理体系。

《粤港澳大湾区发展规划纲要》将前海的作用定义为“合作发展引擎”，在金融、科技、经贸、文创等方面先行先试，探索出行之有效、可供推广的路径。如此定义意味着：前海一方面须学习借鉴香港的产业发展经验，促进制度衔接；另一方面须在学习基础上探索真正的“无人之境”，在已无可借鉴经验的前沿实践中开展制度创新。可以说，“推陈”和“出新”是前海探索的两个核心。

“推陈”是消除现有制度中过时、阻碍发展的部分，以学习港澳为主要抓手，促进前海现代服务业和自贸区特色产业的发展和推广。2018年，前海在全国范围率先取消了港澳居民就业证要求，极大地便利了港澳居民在内地工作。同年，全国取消了这一执行了24年的政策。如今，前海在消除港澳居民就业制度阻碍的路上更进一步，实现多类专业从业者可直接在前海报备执业。对于港澳居民就业的制度优化，是“推陈”诸多措施的一个侧面，向全国推广也是其探索性的社会意义。

“出新”是通过敏锐的战略眼光判断未来趋势，系统性探索全新的制度改革方向，包括从未有过的制度设计与方案，探索新时代中国特色社会主义的未来。在百年未有之大变局下，中国如何打造“双循环”新发展格局？改革进入深水区，中国如何平稳驶过“没有石头可摸”的时代激流？深圳市原市委书记王伟中说：“我们改革最难的其实是刀刃向内，改自己。”前海就要充当这把向内的“尖刀”。目前许多自贸区的改革举措还停留在流程优化、效率提高、信息通用等“微创新”状态，而风险压力测试、制度性改革创新、系统性集成创新等关键任务的推进比较困难。这一问题在深圳的“全面赋权改革”下得到一定克服，而全面赋权也就意味着深圳承担着系统性制度改革的重任。前海正是当仁不让的尖兵。它锐意进取，不断探索出新，力争实现更大的开放、更多的自由、更高的对标、更好的治理。

五、思考与小结：前海自贸区“三位一体”促发展

作为国家战略布局的重要组成部分，前海发展的最终目的并非单纯加强本区域竞争力，显然，一个开放的、动态的、合作的、有辐射力的前海更有价值。

前海的发展主要有三个战略目标。首先，创造好的营商环境，不断完善自身建设；其次，服务香港，担当内地与香港联结的核心枢纽；再次，服务内地，力争成为新时代改革开放的新型发动机。经过参访和研究，我们发现，“三位一体模型”（见图 3-1）能比较形象地概括总结前海的发展运营模式，即从资源禀赋、宏观环境、区域关系三极入手，通过牵引三个力持续施加影响，为前海注入发展的能量，从而发挥前海新时代改革开放“最浓缩、最精华的核心引擎”作用，带动区域发展，实现三个主要战略目标。

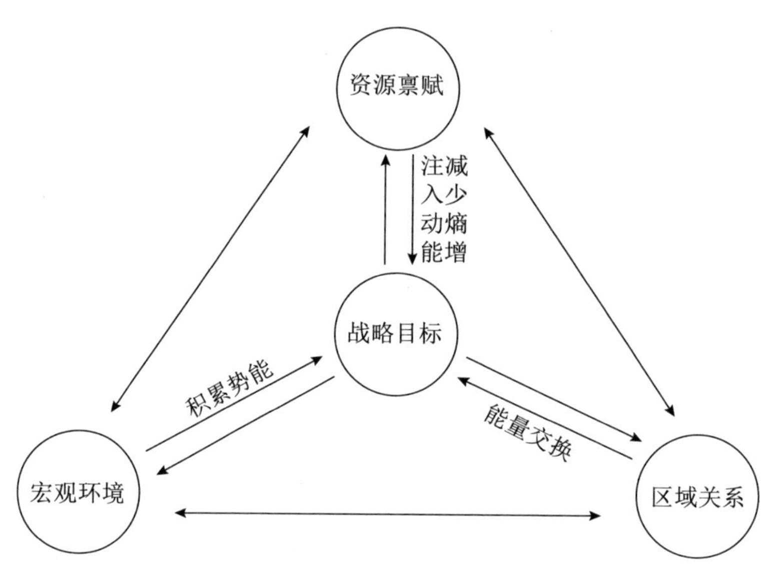

图 3-1 自贸区发展模型——三位一体模型

资源禀赋：注入动能 + 减少熵增。前海自贸区的发展基础，是本区域所拥有的资源禀赋。资源基础观（resource-based view）认为，异质的、不完全流动且能长期保持差异的资源禀赋是发展战略的根本，也是发展优势的来源。前海具有优越的地理资源，包括地处国家战略性的门户枢纽地区、粤港澳大湾区中心区位，以前海为中心 50 千米半径内覆盖大湾区核心区域的海陆空综合枢纽与重大发展平台，借助毗邻香港的地理优势，在发展初期强化与香港产业合作、实施前瞻性建设布局。依托具有改革开放 40 余年经验、内地三大金融中心之一的深圳，前海加大人才引进力度。作为探索深化改革、扩大开放的先行者，前海沿袭深圳的开拓精神，以独特的人文资源，鼓励体制机制改革创新方面敢为人先的勇气。因此，在国家构建新发展格局的进程中，前海既有着地域优势与资金优势的先发之利，又有着各界的人才与创新文化为之注入动能，资源禀赋优越。

根据熵增原理，任何企业组织管理的政策、体制、文化等因素在运营中都会伴随有效能量的逐步减少、熵值的逐渐增加，最终从有序状态变为无序，失去管理效率。充分利用现有资源，是减少熵增的关键。实现“熵减”的前提是不断开放和自我革新，而前海恰有开放与革新的基因、禀赋。首先，前海凭借其自身的区位优势，统筹利用区域活力，持续转换动能，形成有序的动能交换。其次，在区域内推行管理机制、组织架构的变革，激发内容、流程等各环节的创新，更为有效地控制“熵增”变化，高效利用资源禀赋，助推自贸区可持续发展。

宏观环境：持续积累势能。在以习近平为核心的党中央关心支持下，前海成为“一国两制”框架下先行先试、引领制度创新的“策源地”。而作为市场经济的发展前沿，市场环境变化也深刻影响着前海战略目标的实现。2012 年 12 月，习近平总书记在前海发表重要讲话，发出了“改革开放再出发”的号召。2014 年，习近平总书记主持召开中央政治局常委会会议，强调前海的发展有利于促进粤港、深港合作，推动香港更好融入国家发展大局，也有利于打造改革开放新高地，为全国其他地区提供经验示范。这也为前海的战略目标定了调，即服务香港、服务内地，并为其他地区的发展探索提供经验示范。2018 年，习近平总书记强调，要扎实推进前海建设，拿出更多务实创新的改革举措，探索更多可复制、可推广的经验，深化深港合作，相互借助、相得益彰，在共建“一带一路”、推进粤港澳大湾区建设、高水平参与国际合作方面发挥更大作用。这些指示也体现在了 2021 年发布的《前海方案》上，党中央、国务院在政治上的支持，高位势的定位与制度安排，不断为前海积累着发展势能。

经过改革开放以来的快速发展，粤港澳大湾区已成为全国市场化程度最高、市场体系最完备的地区之一。作为中国战略大棋局中的重要棋眼，大湾区除了拥有牢固的制造业基础、完备的产业体系、强大的全球创新引擎和累积的资本集约优势外，还拥有一系列产业政策、服务发展等方面的国家政策支持，这些政策支持有利于推动前海在创新服务业、专研高科技、发展高端制造、抢占竞争制高点等各方面持续集聚“核心引擎作用”。

在国家宏观战略的规划指引与产业政策的支持扶持下，前海采用市场化方式，充分结合计划性和市场性两种机制的优势，不断蓄势储能，厚积薄发。

区域关系：促进能量交换。波特的观点，如 Porter 的钻石模型认为区域间关系的本质都是竞争的。在竞争假设的基础上，竞合关系理论则认为，主体之间的关系是竞争与合作相互共存、相互影响。自贸区不是独立王国，开放系统才是其发展常态。对自贸区开放系统的认识重点在于对区域间关系的把握。前海的发展不能墨守成规，而须主动与其他地区开展合作，不断进行物质、信息和能量的交换。

站在国际视野，前海的资源条件与新加坡自贸区较为相似，二者均为地理面积小、自然资源差，但区位优势优越、政策支持力度大。因此，新加坡自贸区的发展对前海也具有借鉴意义。新加坡的营商环境自由开放度、交易效率均较高。在美国传统基金会于 2020 年 3 月发布的《经济自由度指数》报告中，新加坡是全球最自由的经济体。此外，新加坡重视人才培育政策，精英教育与职业教育发展并重，这为新加坡积累了大量的优质人力资源。再比如，迪拜自贸区是中东最大的贸易中心，其活跃度较高的 14 个自贸区也同样可圈可点；在产业发展方面，其产业结构更为多元化，支柱产业涵盖金融、贸易、物流、高科技产业等；同时，迪拜自贸区还通过建立金融城、互联网城、医疗城等战略性新兴产业园区，积极在各领域打开新的增长空间。

对标上述国际高质量自贸区，前海在人才培育、营商环境建设、多元业态、国际化等发展方面，需要不断学习、取长补短，吸收国际先进发展理念和科学技术，努力实现进一步发展，从而真正实现其战略目标和政治使命。

前海与香港之间的关系主要体现为互助共存、借鉴学习、协同发展。香港作为全球服务业最发达的地区之一，服务贸易出口总值位列全球城市前列，深圳服务业的基础与综合实力也在不断增强，二者存在一定的竞争关系。同时，前海也是学习香港的新试验田。例如，借鉴香港国际金融中心监管模式，学习香港法院的高独立性、自治性与权威性，效仿香港模式全面实施混业经营、分业监管、低税政策等。与此同时，二者更存在协同发展的关系。香港以服务业为主，需要依托“合作对象”，实现其与内地的经济互补；而前海这一“桥头堡”的设立与发展，为其服务业进军内地市场提供了良机与路径，有利于香港融入国家发展大局。

与内地其他自贸区相比，前海拥有更为完备的产业集群、领先的创新机制、开放的政策举措，基于改革开放的特区经验，其示范效应日益辐射全国。《中共中央、国务院关于加快建设全国统一大市场的意见》中强调，结合区域重大战略、区域协调发展战略的实施，鼓励粤港澳大湾区在维护全国统一大市场的前提下，优先开展区域市场一体化建设工作，建立健全区域合作机制，积极总结并复制推广典型经验和做法。前海在各领域做好先行先试基础上，引领内地发展。前海服务业、物流业、金融业等构成了完善的产业链，有力地拉动了内地制造业和服务业的发展。前海加强与内地的交流与合作，搭建了“全国自贸片区创新联盟、自贸区改革创新协同发展示范区、与其他重点区域签署合作备忘录”的服务内地“三驾马车”，截至2022年，联盟已针对9个省份推出了25个产业对接项目，签约金达421亿元[①]。通过制度创新的示范效应，前海引领内地产业结构升级。截至2021年，前海累计推出610项制度创新成果，全国复制推广58项。同时，内地各省市也为前海的发展注入更多新动能。前海招商团队多次至内地招商、吸引内资。内地入驻企业的快速增长也促进了前海的经济发展。截至2019年底，内地企业在前海蛇口设立企业超过1.1万家，内地上市公司投资企业累计达925家。前海还与内地高校进行紧密的人才合作，并推出各类措施吸引高端人才，内地各类人才齐聚前海，为前海的发展出谋划策。

前海充分发挥资源禀赋、宏观环境、区域互动这三个维度的合力，努力实现国家所赋予的3个战略目标。从具体路径来看，前海依托、发挥资源禀赋，建立起一套接轨国际、包容创新的制度体系和营商环境，并逐渐形成制度创新成果复制推广的系统方法；以有力举措呼应宏观环境，进而推动金融、科技、经贸等方面的持续创新，带动市场生态的日益更新；紧紧围绕深港“逐步形成共同利益机制、资源配置机制和经济运作机制”，稳步开展内外区域的协同发展，在“能量”的交换迭代中，进一步激发前海、香港与内地的经济活力，实现既定战略目标的跃升。

从2010年国务院批复成立合作区，到2021年高水平全面升级，前海褪去昔日的泥沼滩涂，建造起大湾区东岸冉冉升起的重大创新平台。纵观全球，自贸区发展案例屡见不鲜，难能可贵的是，前海并未满足于低端产业转移，而是基于本区特点，充分发挥主动性，从产业

① 内地企业在前海蛇口 设企逾万家

升级到制度创新，走出了一条“五区叠加”的发展道路，成为先行先试的弄潮儿。聚焦战略目标，前海紧紧把握资源禀赋、宏观环境与区域关系的相互作用，探索出悉心磨砺的方法论。历经十余载风雨兼程，前海羽翼渐丰，翱翔云霄。而今，大湾区风云翻滚，浪潮拍岸，在《前海方案》推出一年后，这片热土正带着活力加速前进……

大铲湾码头映衬在蔚蓝的天空下，一块人造平整的土地静静地伸向港湾，好似一艘正待起锚驶向大海的巨舰。隔桥相望，是鳞次栉比的塔吊，一派热火朝天的繁忙景象，催人奋进。桥梁码头，高堂邃宇，椰树草坪，“虽由人作，宛自天开”，这不正是前海人奋发进取、奏响时代凯歌的真实写照么！

中兴通讯

扬帆全球化 奋楫新征程

珠三角，于960万平方千米而言不过沧海一隅，如今却能以“世界工厂”闻名于世。从雄厚的工业基础到完备的产业链，从利于高端制造业发展的国家战略到得天独厚的地域及政策人才优势，回顾中兴通讯数十载风风雨雨，这家通信设备龙头企业日新月异，其发展与珠三角紧密相连。改革开放以来，作为中国企业“引进来”、“走出去”的典型代表，中兴通讯义无反顾地坚持自主创新，在逆境中昂首傲然，初心不改，奏响了一曲自励拼搏、勇毅向前的动人战歌。

秋日鹏城，暑气犹存。在中兴通讯的博物馆和5G展厅，目之所及，历史画卷徐徐展开：自1985年成立以来，中兴通讯历经不同历史阶段的积累，打造首个品牌码分多址（code division multiple access，CDMA），塑造国内2G时代突出的市场形象与业界地位，发展3G，建设4G，跨入新时代，成功实现了5G的引领……如今，中兴通讯与全球500余家运营商合作，通信网络建设服务全球160多个国家和地区。中兴通讯在国家经济体制改革大幕拉开之际创办，在香港回归祖国之时上市，在“两个一百年”之交再度重生，显示了这家企业的创立者有着怎样的情怀志向，走过了怎样艰难的自主创新之路？尤其在 2017 年美国发起针对中兴通讯的单边贸易制裁，对中兴通讯的发展造成了何种影响？这家成立近 40 载的国有通信设备企业是就此一蹶不振还是寻求转型突破？带着这些问题和疑问，清华师生深度参访中兴通讯。在耳闻目睹中兴通讯取得的辉煌成就后，同学们释却疑惑，领悟到：不畏浮云遮望眼，中兴通讯顺应了时代发展潮流，在大风大浪中奋勇搏击，涅槃重生，再立潮头。让我们翻开它不寻常的发展历史，去探究它与众不同的成功之道吧。

一、初创：筚路蓝缕，产业报国

2018 年，就在中兴通讯遭遇“制裁”岌岌可危之际，已退隐两年的创建者、领路人，年逾古稀却身经百战的侯为贵再出东山，临危受命，以无畏的勇气，挽狂澜于即倒。时光回溯到 40 年前，身为老一辈企业家的侯永贵正值盛年，他有一股拳拳的爱国情怀，有一颗产业报国的赤子之心。

当年，正值改革开放的春天，科技的振兴也曙光初露。然而，经历十年“文革”，我国科技领域已大大落后于世界发达国家。1981 年，时任航天部副部长的钱学森亲自指导，要求航天部的相关企业开展半导体方面的研究和生产。作为航天部 691 厂车间主任、技术科长，年届不惑的侯为贵受派赴美考察，负责引进技术设备。他痛心于祖国科技水平的严重落后，却敏锐觉察到国内市场的巨大商机、百姓需求的无限潜能，素怀的爱国之心正在激荡，产业报国的种子开始萌发。回国后，他多次向厂领导主动请缨，奔向大潮，南下创业。

1985 年，在深圳。侯为贵受命前往这片创业的热土，创办深圳中兴半导体有限公司（中兴通讯前身），出任总经理。新公司由航天部691厂、长城工业深圳分公司和香港运兴电子贸易公司合资成立。此刻在侯为贵心中，科技创业的抱负与报国之志交织，时代梦想与爱国情怀相融；然而，冰冷的现实是，以科技带动产业的壮志尚未施展，生存却成为当务之急。于是，他决定采取先稳后功的经营策略：包括电话机、电子琴、冷暖风机等电子品的“三来一补”成为权宜之计。

一时的蹉跎消弭不了远志。解决了生存问题的中兴半导体有限公司团队认识到，低端加工装配终非长久之策，甚至可能难以为继，更无法实现产业报国的理想。于是他们很快将经营目标瞄准了中国通信行业——这是一个颇具慧眼的抉择。当年，外国“七国八制”正盛行一时：日本的日本电器股份有限公司（NEC Corporation）和富士通株式会社、美国朗讯科技、德国西门子股份公司、瑞典爱立信公司、法国阿尔卡特公司、加拿大北电网络公司、比利时BTM公司及其8种制式的机型完全占据了中国通信市场。乍看起来，市场被占，难有作为。但在侯为贵看来，中国人的现代通信都掌握在外国企业和外国资本之手，国家通信命脉受制于人，长此以往势必对国家安全构成严重威胁，所以外国企业挤占国内市场之际，也正是自己实现产业报国之机，应当“明知山有虎，偏向虎山行”；同时，随着改革开放后中国经济的腾飞，中国人的通信消费需求必将与日俱增，中国通信市场必将潜力无限。更何况，与中国的许多优秀企业人一样，中兴人从来就不惧任何挑战，并且善于在挑战之下寻找机遇。

当然，对于尚处起步阶段的中兴通讯来说，还不得不从事一段时间的代销业务，以在短期内迅速积累资本，代价则是放弃自主核心技术与定价权。好在中兴人有足够的耐心等待时机的到来，“引进来”，最终还是要“走出去”，一切的关键是走上自主创新之路。这条道路或许布满荆棘——研发成本高昂，研发成果未知，国产设备认可度不及外企。然而，对于一家科技型企业，想要建立核心优势，实现可持续发展，自主创新是必由之路。

自主创新始自研发产品与招揽人才，二者持续塑造创新力。1986年，中兴半导体公司组织了一个8人研发小组（中兴深圳研究所前身），研制68门的模拟空分用户小交换机。1987年，第一台通信设备——小容量模拟空分用户交换机ZX-60顺利推出。ZX-60价格实惠，充分满足了乡镇单位和中小型企业的需要，当年便售出了300多台。

踏上自主创新之路，必然离不开人才的加盟。然而公司初创，筚路蓝缕，条件艰苦，很难挽留一流创新人才。为彰显延揽人才的诚意，平时中兴半导体有限公司宽打窄用、节衣缩食，此刻却“一掷万金”，掏出万余美金从香港购得一辆二手奔驰车。每遇新员工入职，侯为贵等老一辈公司领导驾驶着它，亲赴罗湖火车站，将新员工接入公司。这种人才至上、以人为本的企业文化一直延续至今。

创新能力积厚成强，创新成果积少成多。营业收入扩大后，日益充沛的资源流向企业，反哺创新，创新成果及营收进一步同向扩大，形成正向的良性循环。1989年，中兴半导体有限公司自主研发出了功能更强大的ZX500。作为首台国产数字程控交换机，它满足了县级单位和中大型企业的需求，标志着中国开始具备生产最先进通信设备的能力。1992年，ZX500已助力中兴半导体有限公司实现年度营收过亿元。侯为贵等老一辈创业者以产业报国为己任，认准通信市场方兴未艾，企业应坚持走自主创新之路，将经营利润持续投入研发，不断推出新一代数字程控交换机。

自主创新还体现在管理体制改革和机制创新上。1993年初，中兴半导体有限公司一批科技骨干采取个人集资的方式建立了深圳中兴维先通设备有限公司。同年 3 月，国企 691 厂、深圳广宇工业（集团）公司，与中兴维先通设备有限公司实施了第一次产权重组，共同投资，组建深圳中兴新通信设备有限公司，继续从事程控交换机的研发，这也标志着中兴通讯的正式诞生。同年 11 月，中兴通讯研发投产的 2000 门数字程控交换机——ZXJ2000 获得原邮电部颁发的首批入网许可证。在当时中国农村电话的年度新增容量中，中兴通讯的电信交换产品已占到市场份额的一半，一举打破西方通信巨头在中国地区电信交换领域的长期垄断。

中兴通讯还积极探索体制创新：由 2 家国企共同控股 51%，中兴维先通则持股 49%，首创了“国有控股，授权（民营）经营”的模式，成为混合所有制改革的成功典范。中兴通讯的混改模式一举解决了企业产权结构不合理的问题，同时明确了产权主体的责权利，有利于规范企业的管理运作。正是这种大胆的体制创新，让中兴通讯在自主创新的道路上更加行稳致远。

然而，通信市场的业务五花八门，中兴通讯虽然靠交换机赚到了第一桶金，但企业的未来路在何方？是坚持发展交换机技术，还是另辟蹊径？管理层内部也莫衷一是。1996 年，为统一思想，集中行动，中兴通讯召开了一次高级别战略会议，提出了公司未来发展的三大核心战略——产品多元化、本土市场升级、海外市场拓展。

“产品要从单一的交换设备向多元化的通信设备发展”，在这一战略思想指导下，中兴通讯多头并进，建立全球移动通信系统（global system for mobile communications，GSM）实验区，同时探索 CDMA 技术。早在 1991 年 1 月，中兴通讯就与安徽联通在六安签订了第一个 GSM 实验局。不久，又在河北保定开通 1800 兆实验局，由此从有线领域进入无线领域。而随着产品多元化战略的部署及资源的倾斜，1999 年 6 月中兴通讯获得 GSM 入网证。2002 年，其密集波分复用（dense wavelength devision multiplexing，DWDM）产品成功中标中国移动集团省际西部环传输系统（一期）工程，该工程网络覆盖 18 个省市，总长超过 2 万多千米，是当时全球最大的 DWDM 项目，也是当时中国移动唯一由国内厂商承建的 DWDM 系统，也称“中国移动西部环”。面对快速发展的市场，中兴通讯还迅速调配资源，及时抢占小灵通市场。小灵通兼具便捷与低费，还可通过无线基站实现固话接入，大大缩减了建设周期。启动小灵通项目后，中兴通讯在商业上大获成功，其产品斩获收入近 24 亿元，并借此一举赢得了市场的广泛认可，将其产品多元化转型战略引向纵深。

随着中国城镇化进程的加快，农村人口大量涌向城市，城市通信服务的需求水涨船高。农话市场已达增长瓶颈，市话市场成为新的行业焦点，中兴通讯自此提出本土市场升级战略。1996 年 11 月，中兴通讯与湖南岳阳签订 ZXJ10 市话局合同，该项目与随后进行的益阳接入网项目、衡阳交换机项目统称“三阳工程”，成为其从农话市场向市话市场拓展的标志性工程。本土市场升级，既是城镇化大势所趋，也倒逼企业技术升级，向国际先进通信技术看齐。在本土市场上，中兴通讯一举打破了“七国八制”在程控交换机等产品上的垄断局面，取得了长足的发展。

二、出海：扬帆万里，纵横捭阖

产品多元化与本土市场升级两大核心战略稳步推进，为中兴通讯的第三个核心战略，即海外拓展战略，打下了基础。为了在全球打响品牌，中兴通讯制定了“引进来”和“走出去”一体两面的“出海”方向。战略方向既定，中兴通讯周详规划，步步为营，在海外谋划布局，以技术拓市场，展开全球经营，并加速培养国际化管理人才。

扬帆出海，递次布局。作为国际化战略中的核心，中兴通讯国际化战略布局有的放矢，采取了“农村包围城市”的方式。在出海初期，受企业自身技术条件及自主创新能力限制，中兴通讯从市场竞争力相对薄弱的地区入手，先期抢占中亚、非洲、拉丁美洲等发展中国家市场，摸索熟悉海外市场规则。例如，1998 年，中兴通讯中标巴基斯坦交换总承包项目，成为当时中国通信制造企业在海外的最大项目[①]。之后再观形察变，伺机而动，逐步拓展欧美发达国家市场。同年，中兴通讯在美国新泽西、圣地亚哥、硅谷设立 3 家研究所，利用当地优质资源，跟踪行业前沿科技，潜心积累企业的自主创新能力和市场服务能力。

技术为先，开拓市场。对于后发的新兴经济体企业来说，只有稳固扎实的自主创新，不断提供高性价比、贴合当地市场的产品及服务，才有底气进入竞争环境复杂的海外市场，稳步推进国际化战略。而最关键的因素仍在于企业的自主创新能力。

在产品技术方面，1998 年中兴通讯正式成立 CDMA 产品部。1999 年，高通公司向其转让芯片及核心技术，中兴通讯从此踏上 CDMA 产品的研发历程。2001 年中国联通 CDMA 一期招标，中兴通讯获得 7.5% 的市场份额（高通新时空 CDMA 一期主设备合同签约），随后在二期招标中再获 14% 的市场份额，稳居国内 CDMA 第一品牌。

在技术标准制定方面，2001 年 4 月，在美国费城召开的第三代合作伙伴计划 2（3rd Generation Partnership Project 2，3GPP2）会议

① 卞雅莉 .(2012). 中兴通讯：创新国际化的典型经验及启示 . *对外经贸实务* (07),74-76.

上，中兴通讯被正式接纳为其独立委员，成为第一家获得该组织独立成员资格的中国通信设备制造企业。突破 CDMA 技术为中兴通讯的国际化战略提供了一定优势，所谓“胜人者有力，自胜者强”，自主创新正是“自胜者”的强有力保障，是企业国际化战略的牢固基础。从 2001 年起，中兴通讯凭借 CDMA 产品扩大了海外攻势，在印度、印度尼西亚、埃塞俄比亚等海外市场“攻城略地”，海外营收占比不断激增。

纵横捭阖，全球经营。中兴通讯屡获订单，初战告捷。然而，对于中兴通讯等诸多开展国际化战略的中国企业来说，纵横于海外市场，所遇风险几乎无处不在。特别是，发展中国家的市场竞争环境和条件差异较大，海外业务往往涉及当地政治因素，国际贸易也会产生汇兑损失等风险，各种不可控因素交织组成中国企业国际化的各类“坎窖”。

首先，选择合适的海外市场绝非易事，需综合考虑各种因素。例如，2001 年前后，经过深入的市场调研，中兴通讯优先锁定条件并不占优势的尼泊尔市场，其后才逐步切入印度市场。相比于尼泊尔，虽然印度在人口红利、发展潜力等方面占据绝对优势，但因早有西方企业入驻，且交换机产品已有本土厂家产销，市场机会寥寥，因此只宜在印度市场先物色代理进行合作，日后再寻机深度参与。

跨国贸易必然涉及汇率，而汇率的大幅变动将对企业汇兑损益造成重大影响，直接对经营业绩产生作用。例如，津巴布韦货币贬值、埃塞俄比亚等法规限制本金兑换，都曾对中兴通讯的经营造成了冲击。

营商环境风险也始终困扰企业的海外经营。一些国家地方保护主义盛行，关税奇高，手续烦杂。例如，在巴西，州与州之间须缴纳流转税、销售税等。中兴通讯须在巴西的子公司组建庞大的合同管理及财务法务团队，以保障项目运行。

其次，尤须谨慎选择合作伙伴。在国内经营业务，客户以移动、联通、电信三大运营商为主，这些单位资质优良、信用卓著、稳定可靠，且均为国营企业，有政府兜底，几无破产之虞。但在海外市场上，运营商多为私有企业，且垄断性较强。例如，在某些地区，排名前三的头部运营商或许能达到盈亏平衡点，而规模稍小的运营商便存在破产风险。因此在进行跨国合作时，企业不能只关注合同表面盈亏，还要将双方企业的发展现状及动态形势加以综合考虑。印度的信实通信曾是该国第二大通信服务运营商，体量惊人，却仍遭遇破产，中兴通讯等中国通信设备提供商就曾因此被殃及，蒙受损失。

最后，法律法规的巨大差异往往导致步履艰辛。随着企业综合治理能力、自主创新能力的提高及时机逐渐成熟，2006 年初，中兴通讯确定跨国运营商战略（multinational telecom operation，MTO），在加强与发展中国家及地区国际运营商合作的基础上，正式向欧美发达国家及地区市场进军。然而，在欧美发达地区市场，法律及合规问题一向格外敏感，不容马虎。特别是在通信专利技术、知识产权领域，“你中有我，我中有你”，错综交织，其本土企业一不留神尚且官司缠身，不能幸免，更遑论横空而来的中兴、华为等中国通信设备制造商。

首当其冲是知识产权问题。在 3G 时代，中兴通讯部分技术的自主程度不够高，想要在欧洲市场经营，必须与爱立信、诺基亚公司等签订知识产权协议。竞争对手自然要从各方面限制中兴通讯，结果在知识产权交叉授权的费率和分离等问题上折腾多年毫无进展，本来谈妥的订单也只得作罢。与此同时，欧洲市场还存在许多“流氓专利公司”，不事生产，专门拿着事先购得的知识产权和专利到处“碰瓷”。在罗马尼亚、德国等市场，中兴通讯的产品本已运入境内，但某“专利公司”的一场官司就导致整个项目停工，最坏的情况是导致产品直接被禁运，前期巨额投入付之东流。

而后是合规风险，并且近年来由合规风险引发的事端呈愈演愈烈之态势。特别是在欧美市场经营，尤需注意合规管理。2012 年和 2017 年 2 次合规事件均对中兴通讯经营造成了严重打击。此外，当企业占据当地市场达到一定规模，也可能遭遇反倾销、反补贴、反垄断等调查，国内许多科技企业都遭遇过此类事件。例如，2006 年欧洲市场展开反倾销调查，中兴和华为因价格较低，甚至直接被禁售一年。而国内媒体经常报道，中国开发银行为国内企业提供低息贷款支持，最终成为海外法庭有关这些企业接受政府补贴的不利证据。

人才选用，因“地”制宜。随着国际业务的日益拓展，中兴通讯海外员工的人数比例也水涨船高。但对于跨国企业，如何高效传递总部的信息指令，如何有效对海外员工进行管理，都考验着企业的跨文化管理能力和综合治理能力。

在海外人才管理上，中兴通讯注重明确权责，主张人尽其才。它着重划分、规定中国员工和海外员工的权责归属，强调“以我为主”，即子公司的董事会、法人代表、财务总监等高管人员基本都由中方委派，确保海外管理层能充分理解并坚决执行总部的决定。在一些地区，中兴通讯也采取了“外国管理 + 中方助理”的模式，由优秀的海外员工担任法人代表或 CEO，由中方助理协助子公司内部流程管理及与中国总部的沟通，加深中外员工的合作交流，同时鼓励海外员工发挥所长，与公司共同成长进步。

在海外人才的选拔、培养与任用上，中兴通讯重视海外校招，将入职的当地大学毕业生、在读学生派往基层，培养他们全面了解中兴通讯，作为海外公司未来的骨干培养。同时，对于有丰富工作经验或资源、跳槽而来的海外员工，中兴通讯将其视为高端人才，委以重任，最大限度地发挥人才效应，以实现因地制宜、人尽其才。例如：在亚洲，本地员工更善于承担大量的基础客户关系及售前售后；在非洲，由于当地的教育水平等原因，员工素质参差不齐，企业经营的主力为中方外派员工；在欧洲，由于市场竞争激烈、行业内部人事关系错综复杂，本地员工则偏向高端，有一定行业及政府资源背景，用于建立并维护高端客户关系。

作为国际化战略的成功典范之一，中兴通讯的海外营收占其全部营收一度超过 50%。出海已成为企业发展的必由之路，通过海外拓展、全球经营，中兴通讯不断提升自身的本土核心竞争力。同时，其基于自主创新的本土化经营也日益成为国际化战略的支撑。这种本土化与国际化的相得益彰，逐渐形成了某种意义上的“双元平衡”。

三、受制：形格势制，愈挫弥坚

2016年，国际环境急转直下。随着逆全球化趋势的抬头、世界地缘政治格局平衡出现不稳定，中兴通讯在国际化、本土化上的“双元平衡”被外部力量打破，其国际化战略开始遭遇阻力、制约和挑战。

2016 年 3 月，美国商务部借口中兴通讯与部分禁运国存在商业合作，指责中兴通讯严重违反出口限制法规，并对其采取出口限制措施，禁止美国企业对其出售包括芯片在内的元器件产品[①]。虽然中兴

① 张亚军 .(2018). 中兴通讯遭遇美国两次贸易制裁的原因及提供的重要启示 . *对外经贸实务* (07),7-10.

通讯迅速采取积极行动，与各方沟通，虽然在 2 周之后与美国商务部达成临时协议，暂时解除了出口限制，并两度延长临时出口期限，但随着 2016 年底特朗普政府上台，贸易战迅速升级，以中兴通讯为代表的中国高端制造业遭受重点打击。美国商务部于 2017 年 3 月向中兴通讯开出 11.9 亿美元罚单，并在 2018 年 4 月再次以其违反美国法律为由，重启制裁禁令：中兴通讯及其子公司不得进口任何美国零部件、商品、技术等。

至此，中兴通讯遭美国全面封杀，大量业务被迫停摆。2 次贸易制裁不仅带来巨额罚款，更遭受到欧美各国借此发起的关键零部件禁运、提高关税、直接投资限制、限制科技交流等一系列制裁，其欧美市场的业务规模大幅萎缩。最重要的是，中兴通讯在芯片、零部件、操作系统等方面与美国有着深度合作，2018 年中兴电信设备中的零件有六成来自外部供货，而其中又有至少一半来自美国市场[①]。因此被制裁后，零部件缺位致使其生产瘫痪，还面临着大量订单损失。财务数据呈断崖式下滑，2017 年度赢利 45.7 亿元人民币的中兴通讯，在 2018 年度亏损竟然高达 69.8 亿元人民币，2 年之差约 115 亿元人民币，可谓元气大伤，不得不进入痛苦的恢复期。

不可否认的是，中兴通讯在 2016 年以来遭受的国际化业务挫折有其内部原因。例如，作为国内企业，其合规管理能力不能适应外国政府愈发严苛的监管框架和合规检查；又如，过去强调产品、价格优势而相对忽略基础研发能力，以致在芯片、算法、架构、工业软件等方面过度依赖发达经济体。但更为直接和重要的影响因素显然是日趋不利的国际环境。2008 年全球金融危机之后，世界各国都面临着经济疲软，失业率高企、消费低迷等问题，逆全球化、单边主义、贸易

① 李国敏 .(2019). 新时代中国企业海外拓展的战略风险 (博士学位论文 , 中共中央党校).

保护主义抬头。以美国为首的发达国家为了维护本国高科技企业的核心竞争力，持续加大对他国高科技企业的打击，以促进美国的经济繁荣并确保美国的全球霸权地位。在愈发艰难的国际环境下，高科技企业遭到“恶意制裁”是必然的，如果企业未能察觉这一趋势，势必会招致狙击，陷入被动。

即便在蒙受制裁的情况下，中兴通讯的国际化收入仍占其全部营收的43.06%。公司能在海外站稳脚跟，并创造如此佳绩，足以说明其自身在追求自主创新等方面的实力。但在新的外部环境的制约与冲击下，中兴通讯亟需重新获得国际化、本土化的动态“双元平衡”。趋利避害虽是任何组织、个体的本能反应，但因此彻底退出欧美市场显然不符合以中兴通讯为代表的中国企业的长远利益，也不符合中国经济发展的根本利益。

面对不测变局，中兴通讯依托自主创新的长期积累，决定实施内“稳”外“顶”的攻守平衡的双元战略谋划，即采取攻守平衡、以守为重、守中蓄能的方针策略，为再造重生之后的“转守为攻”积聚力量。同时，中兴通讯迅速采取应对策略：一方面通过国内市场进一步发力，以获得财务和技术上的支撑；另一方面，强调迅速补齐合规短板，通过国际公认的贸易机制解决当下争端，并积极止损，以遏制在国外市场出现溃败局面。为保护本国通信企业在美国的发展权益，中国政府旋即与美国对此事件进行了多次贸易磋商。2018年6月，中兴通讯决定缴纳10亿美元罚款及另行拨付4亿美元代管资金，随后在1个月内对管理层大换血，撤换违反合规规定的相关人员，换取美国商务部暂停制裁禁令。同时，借助中兴通讯数十年积累的海外市场优势，如海外专利、合作伙伴、营收规模等，蓄力反击。

经历制裁这类外部“黑天鹅”事件后，中兴通讯没有一蹶不振，反而进一步警醒：在通信设备制造业（乃至其他高端制造业），自主创新永远是企业赖以生存的根源和基础。而作为经历数十年的稳固积淀与深耕细作的老牌高新技术企业，基于其积累的核心竞争力，中兴通讯也完全有实力于“灾后”重振旗鼓，浴火再造。截至2020年，中兴通讯5G基站2020年全球发货量排名第二；光网络2020年全球运营商市场份额排名第二；视频系统用户总容量超1.5亿，市场份额持续提升；全系列5G电源已为全球20多万5G站点提供供电保障。庞大的硬件能力和软件能力及长期积累的市场经验，为中兴通讯的战略调整和转型发展提供了重要的支撑。

四、重生：战略为基，蓄力再造

2018年，在历经劫难、栉风沐雨之后，中兴通讯站在全局角度，弥合创伤，总体把控，实施聚焦主业、强化创新、拉动产业、坚持全球化四大战略，迅速制定实施“三步走”规划：恢复期（2018—2019年）强调聚焦提效、坚持现金流第一、快速重回良性发展轨道；发展期（2020—2021年）坚持技术领先、实现经营增质提效；超越期（2022年以后）旨在全面提升市场占有率、布局新业务。中兴通讯逐渐从制裁中复苏，以崭新姿态，形成重生再造之势。

第一，聚焦主业。中兴通讯的业务分为三大板块、两大市场、两条曲线。其中：三大板块指的是占比70%的运营商板块、占比20%的消费者板块、占比10%的政企板块，不言而喻，占比70%的运营商板块目前代表着主业；两大市场是指占2/3的国内市场和占1/3的国际市场，显然，国内市场仍是主业方向；两条曲线按照产品维度划分，第一曲线是以无线、有线等产品为代表的通信技术业务，第二曲线是以IT、数字能源、终端业务为主的新兴业务，第一曲线以运营商业务为主，显而易见是主业的风向标。

因此所谓“聚焦主业”，即聚焦运营商业务、本土市场、第一曲线。其一，中国运营商资本开支排名全球第二，伴随国家5G、新基建战略的持续推进，中国通信市场规模巨大、前景广阔。其二，中兴通讯崛起于国内本土，与本土市场的各大运营商早已建立起紧密联系。例如，在中国移动4G一期工程和5G二期工程中，中兴通讯分别获得了26%和28.7%的实际份额。制裁过后，中兴通讯的财务状况并不乐观，而营收又是企业一切活动的基础。因此，为了度过制裁后的困难岁月，聚焦主业、迅速恢复现金流是最高效的现实策略。

具体而言，中兴通讯的目标是在保证运营商业务每年12%~15%稳健增长的基础上，将其产品的国内市场占有率提升至30%~40%，从主流供应商变身为核心供应商。这意味着产品思路不能像从前那样“跟随需求”，即客户需要什么则提供什么，而是要从“跟随市场”上升到“领先市场”，从“满足需求”进化到“引领需求”。这也要求企业进一步创新产品，缔造亮点。

随着“十四五”规划的开展、国家新基建的加速、应对疫情的现实需要，政企部门对大数据、云计算等数字化业务的需求与日俱增。在这一背景下，聚焦主业有了更广义的延伸和更广阔的空间。中兴通讯一方面巩固主业稳健增长，提升产品竞争力，增加市场份额；另一方面，也加速推动第二曲线，促进政企板块新兴业务的高速增长。

然而，政企业务与运营商业务大不相侔。政企客户多为非专业或半专业人士，他们有相关业务需求，但不如运营商更了解技术。针对政企客户的商业模式，如何直击痛点？这是中兴通讯政企业务发展的一大挑战。同时，政企业务的开发思路也需要改变。这也对中兴通讯提出了更高要求：投入更多资源，专门定制产品，而非像以往那样，将政企业务产品定位为运营商业务的“副产物”。为解决政企业务的发展问题，中兴通讯作出两大调整。一是成立研发队伍，匹配研发资源，专门面向政企需求进行产品和服务开发；二是赋能运营商伙伴，将运营商拉入合作框架，助力其精准定价，调整物流，推广经营相关产品，共同为政企客户提供更优质的服务。

第二，强化创新。中兴通讯曾在3G到5G标准制定的激烈竞争中脱颖而出，做出了卓越贡献。尽管围绕2G、3G为主流的宽代码分多址（wideband code devision multiple access，WCDMA）或CDMA2000，均为欧美标准，但中兴通讯作为中国通信技术创新的主力军，在政府的努力推动下，实现了自主3G标准及设备商用。进入4G时代，其技术专利已实现局部领先，而在如今的5G时代，中兴通讯已成为行业领跑者，不仅率先开始相关技术的研究，更引领5G相关标准的制定。作为一家以自主创新为动力源的科技企业，中兴通讯的科技传承已融入了积淀已久的企业精神之中。

自2017年的制裁影响大、范围广，暴露出我国产业链上游研发能力不足、重要电子元器件受制于人而存在“卡脖子”等现象。但归根结底，还是中兴通讯在核心技术特别是底层技术上的原创性尤待增强。企业管理层认为，通信制造业本身就是技术、资金密集型行业，而10%左右的研发投入比相对于竞争对手，仍显不足。不久两大决策方案便出炉了：一是提升巩固核心科技，增强技术研发；二是紧跟企业数字化转型潮流，推动技术革新，赋能企业管理。

中兴通讯加大了在芯片、算法、架构等核心底层技术上的投入，坚持底层技术的不断循环研发制作，研发投入比从10%~12%提高到如今的15%~16%。但资金投入只是一方面，创新人才才是技术创新的主要推手。为了吸引并留住创新人才，中兴通讯制订了“蓝剑计划”，针对优秀的毕业生，由公司一对一特殊安排，待遇上尽量满足，甚至直接解决住房，并配备老师，助力其在研发团队中发挥带头作用。又比如，设置“中兴青年科学家奖”，针对 6 年以内的年轻员工，每年给予逾 20 万元奖励。此外，对于获得研发专利的人才，特别是研发核心必要专利的人才，还会特别给予重奖，激励人才专心投入科研。目前，在中兴通讯本科以上的研发人员已超过 3.1 万人，这些人才是推动企业核心技术、根本能力提升的最坚实基础。

创新的内涵不只在于技术的更新，还包括组织管理、经营上的变革。近年来，中兴通讯加大了数字化技术的应用，赋能企业管理，促进企业生产研发的增值提效。早在开拓海外市场时，为管理超过 50% 的海外员工、协调总部与各子公司之间的联系，中兴通讯就已设计了云上交互系统。在疫情来袭时，前期的数字技术统筹推动“无缝切换”线上办公，保证了企业在不确定环境下的运营效率和经营质量。在某关键零件的生产上，中兴通讯使用机器视觉直接操作代替人工作业，将准确率提高了 30%。在合规管理领域，中兴通讯还设计了物料追踪系统、隐私保护系统等，极大提高了自我审查的效率及业务的合规性。

纵观中兴通讯的发展历程，不难发现，其技术水平的提高与我国通信技术的整体变革不可分割。20 世纪 90 年代，其年营业收入从 1992 年的 1 亿元达到 100 亿元，实现了上市的目标，这一发展期恰好与中国通信业开始从程控交换机到 2G 的转变阶段相对应。中兴通讯年营业收入从 100 亿元发展到 600 亿元，则对应着我国 3G 网络的时期。2009 年，我国始建 WCDMA，即宽带码分多址（Wideband Code Division Multiple Access，缩写：WCDMA）网络，而 4G 网络紧随其后。2014—2017 年，中兴通讯致力于 4G 网络建设，年营业收入也从 600 亿元做到 1000 亿元。现在我国已进入 5G 周期，6G 技术也已进入规划部署。中兴通讯的崛起与通信事业的发展、行业趋势乃至国家战略部署同音共律、步调一致，坚持科技传承，从资源、人才等各方面加大创新，是其走出困境、重返巅峰的必由之路。

第三，拉动产业。当制裁来临时，中兴通讯的供应链连遭重大打击，业务经营招致“雪崩”，企业几乎难以为继。而如今，通信技术的发展日新月异，联动上中下游各环节，单一企业无法满足消费者的所有需求。对于上述情况，中兴通讯深刻认识到：只有产业链上下游共同进步，通信业实现全赋能，才能增加供应链安全性，提高抗风险能力，同时降低自身的研发成本，提升行业整体效益，促成通信产业的非零和博弈。为此，中兴通讯将自己定位为 5G 时代的产业拉动者。

率先拉动上游供应链伙伴。制裁风波之后，中兴通讯及行业内部合作伙伴致力于“研发上的高兼容可替代”，即在国内找到替代国外设备的解决方案，这是保证供应链稳定性、可持续性的重要措施。自 2020 年至今，中兴通讯在国内新增了近 200 家的上游供应商。原材料都来自各地不同厂家，实现了风险分散。此外，中兴通讯还设置了产业基金，专门针对合作伙伴的相关项目进行投资、研发，拉动整个产业，保障全行业共同成长。

其后中兴通讯拉动下游运营商伙伴。特别是随着非运营商业务的逐渐扩大，不同行业的项目展现出高度特异性，单打独斗难以释放企业的研发制造潜力。面对多元用户的需求，中兴通讯选择拉动与其他行业有密切联系的运营商伙伴，协力满足客户需求。例如，在智慧工厂的解决方案设计中，一般由运营商将设备部署到厂区，但同时会加入中兴通讯的一些增值服务，如机器视觉技术、MEC 边缘云等，为客户提供更高效完善的服务。

第四，坚持全球化。在当前日益复杂的国际形势下，经营海外市场仍会面对较大风险。然而，通信行业的前沿技术仍在国外。如果局限于本土市场，中兴通讯会逐渐丧失既有的技术领先性，难以满足消费者不断更迭增长的需求。坚持全球化和自主创新是相辅相成、辩证统一的。一方面，只有坚持自主创新，才能在全球化战略中居于主动态势；另一方面，也只有坚持全球化战略，才能充分把握通信设备领域的最前沿科技，为提升自主创新能力调动不竭的动力。而在当前全球经济下行、营商环境恶化的大环境下，中兴通讯也适时调整了国际化战略的原则。例如，明确"二八原则"——"在20%的国家力争赢利，在80%的国家以维持为主"，将主要精力、资源更多聚焦于可持续发展的"大国家"，以实现可持续的全球化战略。

实际上，坚持全球化也是中兴通讯国际化战略的延伸。在出海初期，其采取大踏步的"进攻式"国际化战略，切入发展中国家市场，争取市场份额。而随着与发达国家领先企业的交锋愈发激烈，以及国际政治环境、营商环境、技术环境的变化，非市场因素开始干扰企业的发展，于是中兴通讯转攻为守，放缓国际化扩张势头，海外营收占比增幅放缓直至降低，但同时也以守为攻，不断增加研发投入、建设法律团队，着重提高企业的核心竞争力，为未来在国际市场再次发力而做足准备。

中兴通讯四大战略的有力推进获得了成效。在2019年底，企业如期完成了恢复期目标。在2020年底，发展期各项工作进展顺利，企业经营健康、市场格局不断优化、关键技术持续领先、有序推进商业可持续和新业务孵化。中兴通讯2021年第三季度报告显示：主营收入838.25亿元，同比上升13.08%；归母净利润58.53亿元，同比上升 115.81%；扣除非净利润 33.38 亿元，同比上升 130.85%。从财报上看，历尽劫波之后，中兴通讯强势触底反弹，随后迅速逆势上扬，呈现了 V 型反转态势，实实在在交出了一份靓丽的成绩单。

总体而言，经历制裁之后的中兴通讯迅速作出战略调整，在聚焦主业、强化创新、拉动产业、坚持全球化等方面集中发力，推动实现以运营商业务为主的第一曲线稳中求进，以政企业务、消费者业务、新业务为代表的第二曲线快速拉升，始终贯穿自主创新这条主线，铸就企业的长期可持续发展。而拉动全产业链协同合作，助力推动全通信行业的整体进步，也践行了中兴通讯的建立初心，以无限的爱国情怀，在全球树立了民族品牌，以拳拳之心，实现产业报国的时代宏愿。

五、思考与小结：双元思维带来的中国企业国际化启示

中兴通讯国际化战略颇具独到之处，堪为中国企业乃至新兴经济体国家企业国际化战略较为典型的案例。在学术领域，企业国际化战略的理论研究早已有之，传统国际化战略理论对发达经济体企业的国际化战略有更强的解释效力，而在解释中兴通讯等新兴经济体企业的国际化战略方面并不全面。

当我们审视中兴通讯的发展历程，特别是其国际化发展历程，无论是在战略关注点还是在业务布局等方面，其指导思想均呈现出较为明显的双元思维。“双元”即事物以矛盾形式出现的对立统一的两面。在中外企业实践中，基于双元思维的理论和实践都不鲜见[①]。双元思维根植于中国传统文化，如“阴阳对立”、“物生有两”、“物极必反”等

① 马浩 .(2022). 双元战略：游走于当下与未来 . *清华管理评论* (03),69-76.

古代朴素辩证法的一些思想都有反映。而中国传统文化的影响也必然映射到中国企业的经营战略，特别是国际化战略中，从而促成企业在植根厚积的基础上，孕育浑涵、继承发扬战略深识，使之发展到一定阶段而成熟。

一般来说，中国企业初创阶段由于缺乏实践经验，发展往往都不可避免地经历坎坷困难，这也是一个砥砺摸索、艰难前行的过程，此时制定战略很可能并不成熟。在成长道路上，中兴通讯的双元思维实践也有一个由浅入深、逐渐发展的过程。例如，创业之初，中兴通讯面对诸如产品单一性与多元化、农村市场与城市市场、“引进来”与“走出去”等战略的选择时，还不免出现顾此失彼、后知后觉等情况。然而，如千千万万的中国企业一样，中兴通讯具有勤奋隐忍、蓄力后发的特点，所以才能不畏艰难，力克发展初期战略不足带来的损害，并逐步迈上自主创新之路。

中兴通讯灵活运用双元思维，将对立统一的矛盾观、正确认识事物规律的唯物辩证法融入企业的海外实践，擘画实施其国际化战略。例如，妥善处理短期利益与长期利益的关系，高度重视攻与守的平衡关系，特别强调战术与战略的匹配关系。在中兴通讯国际化战略的制定和实施中，我们都能看到双元思维的恰当运用。

妥善处理短期利益与长期利益的关系。运用双元思维，中兴通讯国际化战略的思路十分清晰：既要关注短期利益，又要着意长期目标，重视长期利益，二者对立统一。在短期内，企业进入海外市场，增加海外营收，发挥高端制造业的成本及规模优势；在长期内获得战略性资产，包括通信设备技术、跨国企业综合治理能力、知识产权、品牌声誉等。

在中兴通讯出海的最初几年，由于企业实力相对弱小、技术相对落后、本土竞争较为激烈，其生存为第一要务。因此，中兴通讯率先在发展中国家市场布局扩张，先后进入巴基斯坦、尼泊尔、马来西亚、非洲等国家和企业的市场，获得大量订单，使营收水涨船高。后来，随着企业自身实力的增强及技术发展，中兴通讯在3G时代的部分技术取得了突破甚至局部领先，此时便不宜再追求短期利益、简单扩张了，而是转向发达国家市场，更强调知识产权、创新能力、品牌声誉等战略性资产的获取，直至在4G和5G时代的领先。

高度重视攻与守的平衡关系。在国际化战略中，中兴通讯突然遭遇了一场始料未及的“制裁围堵战”。面临突变战局，消极避战，被动挨打，只能加大损失，且“久守必失”，难以克敌制胜；而跳出堑壕、转入进攻，力有不逮，且时机未到，仓促之下反而雪上加霜。所谓“攻是守之机，守是攻之策”，固守为进攻储备蓄能，进攻又为固守赢得战略主动，二者相互依存，相互补充。在以攻转守、“缮完自固”的过程中，中兴通讯逐渐积累了“固守待机”的足够力量，为扭转不利局面、转危为安乃至转守为攻创造了有利条件。

自1995年出海之后，中兴通讯逐步推进海外扩张。在发展中国家和地区等竞争较为和缓的市场上，中兴通讯凭借自身在技术、规模、成本上的比较优势，采取较为激进的进攻战略，迅速抢占市场份额。但在进入发达国家市场后，一方面技术、资源竞争愈发激烈，另一方面发达国家的竞争对手们擅长使用法律武器，利用当地政府的影响力，阻挠外来企业发展。此时，在海外战略上中兴通讯暂避锋芒，采取保守态势。特别是在美国制裁事件后，其全球业务备受冲击，海外营收占比迅速下降。但“守”并非“弃”，而是为了未来的一举谋攻蓄势待机，这也是为什么要“在20%的国家赢利，在80%的国家以维持为主”，以及在国内营收占比逾60%的情况下，中兴通讯仍坚持全球化战略。因为攻守之间可以转化、易势，形成动态平衡关系，而这种关系的破与立，恰是由攻转守、转守为攻的重要节点。

特别强调战术与战略的匹配关系。战略针对的是长期、全局、宏观问题，是总体上的布局擘画，用以指导战术。而战术则解决短期、局部、微观问题，须不断调整变化，以有力举措服从战略、落实战略。在不同阶段，随着内外条件的纷繁转化，企业战略与战术的制定、部署都会相应调整，形成不同主次、侧重。

在出海的最初阶段，中兴通讯以“农村包围城市”的布局思路擘画国际化战略，即迅速拓展新兴发展中国家市场，谨慎进军发达国家。在战术层面：对于前者迅速扩张业务，图生存、求发展，占领市场，加大影响力；对于后者，尝试建设实验室，密切跟踪国际前沿通信技术，谨慎应对，避免引发摩擦。当中兴通讯踏入发达国家市场，面对更加激烈的技术竞争、市场竞争时，为了发展，企业的主导战略变得更为积极，强调核心竞争力。在战术上，一方面，加大了对研发的投入，招募更多法务、合规团队以应对逆全球化背景下的法律问题冲击；另一方面聚焦可持续发展的有影响力国家，保持在发展中国家市场上的固有优势，保证海外市场短期利润对长期发展目标的输血能力。

自制裁危机以来，中兴通讯有条不紊地部署四大战略，同时灵活运用战术，高效推进战略。古人云：“损兑者，机危之决也。”意思是说，采用“减少直率”的“损兑之术”，是处置危机之端的关键。“兑”是指利于守正，“损兑”则有减少守正、增加变化的深刻内涵。从某种程度上来看，中兴通讯也正灵活运用了“损兑之法”，主动求变，不断调整改变奇正、攻守、长短等多个“双元”辩证关系，以达到奇正相生、攻守兼备、长短适宜的目的，渐进实现“重生再造”的战略意图。善加处置危机，是对企业整体把控战略、灵活运用战术的关键考验。这既需要盱衡大局，又要能烛微虑远，以达成战略、战术两个层面的最终胜利。

综上可见，经历长期磨炼和实践，企业不断发展和成熟，中兴通讯双元思维的内涵也日益丰富、不断深化，也愈发释放出活力与能量，持续有力地推动企业的战略制定愈加周全、愈加细致、愈加成熟。

回顾历史，20 世纪 80 年代中兴通讯交换机的成功研发，树立了企业在国内通信市场上的引领地位。在经济体制改革浪潮中，中兴通讯与时俱进，劈波斩浪，推出了公有制的有效实现形式——混合所有制，为我国的经济体制改革探索出崭新的道路。中兴通讯打造首个品牌 CDMA，塑造了国内 2G 时代突出的市场形象与业界地位。其进一步把握机遇，发展 3G，建设 4G，布局 5G 战略，不断促进产品升级、演进……而今遭遇狂风巨浪，中兴通讯依旧破浪前行，历经苦难，再次交上了一份满意的答卷。“损兑”决于“机危”，在很大程度上，中兴通讯是通过知行察微实现的。而“知行合一”正是清华 MBA 这门系列课程的名称。我们不禁感叹，同学们在这门课程上不正是要从中兴通讯的奋斗历程、战略践行中学习这种知行合一的产业报国精神么！

TCL 华星光电

砥砺出精益“和合”助跃升

2021 年 10 月 20 日上午，TCL 华星光电展厅。TCL 大尺寸业务、4 条面板呈现于眼前：t1 和 t2 是 2 条 8.5 代线，采用功率为 21.5~55 英寸的液晶面板，t6 和 t7 是 2 条 11 代线，为 55 英寸以上的液晶显示面板。采用曲面屏设计的 75 英寸面板可大幅提升现实观感，而 4.5 毫米的侧面大大节省了空间。在华星光电半导体产业园，同学们重点参观了 t6 项目厂区。“无尘车间的天花板配有国际标准化组织（International organization for Standardization，ISO）过滤器设备，空气经过过滤吹向厂房一楼……智能仓储的设备相互连接，类似于高速公路网，将产品在工序间传输……”，通过介绍，同学们了解到，这些系列产品重点聚焦以 4K、8K 为代表的超高清、超大尺寸、有机发光二极管（organic light-emitting diode，OLED）三大技术领域[①]，对进一步扩大我国在薄膜晶体管液晶显示器（thin film transistor liquid crystal display，TFT-LCD）产业中的市场份额、促进中国电视产业转

① 中国建业 . 中国建筑承建的全球最大单体电子厂房主体结构封顶 [EB/OL].(2017-12-06)[2022-08-09]. https://www.cscec.com/xwzx_new/gsyw_new/201712/2862424.html.

型升级，具有重要战略意义。今天的 TCL 华星光电已经是一家国家支持的先进智能科技制造企业。那么，TCL 华星光电是如何从一家名不见经传的企业跃升成为今天的业内翘楚呢？

一、实施产线战略，布局全球扩张

TCL 华星光电的产线布局已具有 16 年的发展历史。2009 年，借助第十一届中国（深圳）国际高新技术成果交易会的东风，TCL 华星光电正式成立，当年国家“十二五”规划大力推动了显示技术的全面发轫。

TCL 华星光电创立之初，电视面板占据电视整机成本的比重还很高。因而从某种程度来说，电视业务的发展取决于是否能拿到面板，拿到面板即是发展电视机业务的重要保障。而当时，中国面板 95% 依赖进口，尚处于“缺芯（芯片）少屏（面板）”的严峻形势。TCL 集团董事长李东生在谋划发展时，首先从“缺芯”突破。经过 10 余年的发展，这一问题已得到了解决，目前需求旺盛、供不应求。

那么如何解决“少屏”问题呢？站在行业发展高度，TCL 华星光电高管团队的认识深刻透彻：必须实现企业在产线布局上的突破，否则很难生存发展下去。在面板的产线发展方面，TCL 华星光电谋划战略，制定了稳步实现自身面板转型升级的路线图。成熟的 8.5 代线成为“千里之行”的第一步，起初采用铝制材料，后采用铜材。

TCL 华星光电的发展自此奠定了坚实的基础，其“自主建线”计划亦为企业的自主创新“打响了第一枪”。后经时任 CEO 贺成明与另一位台湾高管向深圳市领导汇报讨论后，深圳市政府于 2009 年 9 月批复了 TCL 集团提交的自主建线方案。随后不久，深圳市与 TCL 集团联合成立 8.5 代线的项目公司华星光电，其 100 亿元的资本金由政府及企业各出一半，政府的出资由深超科技投资有限公司执行，TCL 一方主要由社会融资。

“8.5 代线”短短几个字看上去云淡风轻，但背后凝结的却是华星光电人置之死地而后生的无畏和艰辛。2010 年 1 月 16 日，在 8.5 代液晶面板项目启动仪式上，时任 TCL 华星光电 CEO 的贺成明有些心不在焉。在打了一根桩后，贺成明便马不停蹄地奔赴台湾去招聘员工。他心里清楚，如果在这几个月内招不到人，项目便难以为继。一切仿佛是命运眷顾，正当此时，适逢台湾液晶面板企业遭遇市场衰退。TCL 华星光电把握时机果断出击，一场“抢人大战”在台湾的各咖啡厅悄然上演。经过紧锣密鼓地招聘及洽谈，截至当年 3 月，一支 70 余人的队伍已迅速组成，华星光电自身的工程师团队初具雏形。此时贺成明一颗悬着的心终于落下，厂房工程也开始真正打桩动土。

队伍拉起来后，如何协作融合又成为现实难题。团队成员来源的多元化使得其内部对技术路线问题存在较大争议。此时，CEO 贺成明力排众议，坚持让具备丰富研发经验的陈立宜主导技术路线，担任公司执行副总裁。陈立宜曾任台湾奇美电子高级工程师、电视面板事业处处长、电视面板事业总部事业部总经理、助理副总裁。同时，贺成明任命原 LG 液晶显示生产技术中心总部执行副总裁金旴植担任高级副总裁，任用曾任奇美电子厂长和龙腾光电副总经理的建厂专家王国和为副总裁，起用曾任友达光电股份有限公司（以下简称“友达”）资深协理、一手奠定友达品质管理基础的王兴隆为副总裁。贺成明知人善任，在他的带领下，团队既高度互补又密切配合，成为一支综合能力突出、极具竞争力的队伍，为 TCL 华星光电打下未来液晶面板江山奠定了坚实的基础。TCL 华星光电自主建线的计划在当时实属超前。负压前行之下，此项目不负众望，迅速成为我国自主创新的一面旗帜。

TCL 华星光电积极拓展产线布局，在武汉启动低温多晶硅（low temperature poly-silicon，LTPS）技术，在深圳 T6、T7 工厂布局 11 代线，推动技术站的不断升级。之后，在武汉又上马 T4，采用 AI 技术。

作为中国首批智能制造企业，TCL 华星光电投入极大。仅 11 代线规模即达 465 亿元，从 2016 年 11 月至 2019 年 11 月，工厂从无到有，建楼、备齐设备、产能调试、实现全部满负荷生产，一步步扎实推进。T6、T7 产品线主要用于制作大电视，包括 43 英寸、55 英寸和 65 英寸 3 个尺寸。而 T1、T2 厂产品范围则更为广泛，从 15 英寸一直做到八十几英寸甚至九十多英寸的产品，产品种类繁多，均属于液晶电视的面板产品。

TCL 华星光电 T7 项目计划建成后继续刷新全球单体面积最大的电子洁净厂房纪录[①]，是全球最高世代、最大尺寸液晶面板生产线，建成投产后，进一步完善了 TCL 华星光电在深圳的产线布局，发挥产业集聚效应，同时带动深圳成为全球第一大半导体显示产业基地。

一般来看，LCD 向 OLED 过渡是全球显示面板产业的发展趋势，而 TCL 华星光电在对次毫米发光二极管（mini light-emitting diode，Mini LED）、OLED 进行仔细对比后，却及早作出了果断明智的战略选择——采取 Mini LED 产线发展路线。正是基于知己知彼的深入分析，TCL 华星光电“就势取利”，在激烈的产线角逐中牢牢地把握住了战略主动权。

---

① 杨渝嘉 . 华星光电 T7 项目钢结构首吊成功举行 全球单体面积最大电子洁净厂房 11 月完工 .(2019-08-12)[2022-08-09]. https://wxd.sznews.com/BaiDuBaiJia/20190812/content_336597.html.

从战略发展来看，Mini LED 面板是 LCD 面板的改良升级，是高端 LCD 面板的未来发展方向。在国内面板领域，大屏幕电视为主的 LCD 面板拥有更广的应用前景和空间，而且与日韩厂商采用 OLED 面板这一对标竞品相比，Mini LED 可将 LED 与 LCD 两个成熟技术相结合，颇具持续赋能的稳定根基。实际上，Mini LED 应称为“采用 Mini LED 背光的 LCD 屏幕”——其拥有更精细的控光效果。由于 LCD 已成为一种相当成熟的显示技术，背光技术和液晶技术的交叉演进形成了全覆盖的产品种类，因此对于华星光电来说，Mini LED 研发技术难度远低于“零起步”的 OLED，更容易以低成本实现创新显示技术 OLED 面板的功能。

从比较优势来看，国内 Mini LED 面板已占先机。因产业发展阶段不同，日韩及中国台湾地区面板厂商均以中小尺寸为主。又由于经济形势、成本价格等原因，其 LCD 中小面板产线优势丧失，已成累赘。自 2019 年始，韩国三星、日本松下等厂商着手减产。之后，日韩巨头纷纷退出 LCD 面板生产，全球 LCD 面板的供给格局随之发生变化。根据当时的 CINNO Research 数据，在韩日巨头关停产线后，我国面板厂的大尺寸 LCD 产能占比由 2019 年的 44.8% 提高到 2021 年的 65.3%，掌握全球过半的 LCD 产能，且基本控制了 LCD 面板定价权，Mini LED 赋予了 LCD 以新的生命周期，并引领了高端显示技术的全面进化。所谓“胜负之决，在于长短之较”。随着 TCL 华星光电并购了三星全资的苏州 8.5 代线，比较优势日显，其选择 Mini LED 顺理成章。

从市场需求与应用场景来看，Mini LED 面板仍颇具潜力。LCD 面板在下游依次流向四大品类：大屏幕电视面板、商用白板、各类显示器、玻璃平板等其他产品。近年来，国内 8K 电视应用场景的增加带来消费者对 60 英寸以上大屏幕电视的旺盛需求，传导至面板厂商，即转化为高世代线 LCD 产能的增长需求。无论从大屏幕电视占比的固有优势来看，还是从其需求回升的增势而论，TCL 华星光电选择 Mini LED 都可谓言之成理。此外，大屏白板也异军突起：自 2020 年第二季度始，全球商用平板显示器的需求显著上升，PC 显示器大屏化趋势明显，高分辨率大屏幕的需求强劲增长。据群智咨询统计，2019 年全球市场 QHD 及以上分辨率显示器面板出货量同比增长 45.2%，而其中 80% 为 27 英寸及以上大屏。这些产品的下游市场同时也是作为延伸升级的 Mini LED 的需求端。TCL 华星光电瞄准 Mini LED 可谓眼光独到。

从技术开发综合成本及技术的全生命周期分析来看，Mini LED 面板的性价比优势则更为明显。尽管 OLED 从技术角度来讲更为先进，但掌握难度极高，且由于其采用了有机材料，会造成屏幕衰老，导致“烧屏”，从而留下残影，影响使用寿命。此外，OLED 屏幕还有“伤眼”“抹布屏”、价昂、65 英寸以上良品率不高等问题。在电视面板行业，其市场需求并不占主流。相比 OLED 而言，Mini LED 背光分区更多，控光、调光更精细，更轻薄，其显示器价格也仅为 OLED 的 60%~80%，性价比明显占优，市场需求也更大。自 2017 年始，TCL 华星光电的研发团队就遵循 RTINGS 的测试标准，对 Mini LED 进行“仿真模拟”，结果“虚拟打分”证明，Mini LED 电视的物理指标足以对标 OLED①。在 TCL 华星光电看来，与其同日韩已占优势的 OLED 面板正面对抗，不如立足现实，在 Mini LED 的“人迹罕至赛道”另辟蹊径，而非亦步亦趋跟随所谓技术“潮流”。TCL 华星

① 虎嗅网 . 从“LCD 永不为奴”到“Mini LED 真香”[EB/OL].(2021-08-27)[2022-08-09]. https://baijiahao.baidu.com/s?id=1709254765691540896&wrf=spider&for=pc.

光电坚信，Mini LED 路线可为 LCD 注入变革因子，并使其潜在的技术价值和市场价值充分释放。

经过自建产线的整体谋划布局，TCL 华星光电迈向了 Mini LED 的逆袭之路。但这是一条布满荆棘的艰难跋涉之旅。为保证首创的大屏幕 LCD 电视的 Mini LED 背光方案的成功，TCL 华星光电研发团队在制造原型机的征程中精益求精，控制整机厚度，调整校对画质，努力实现更精确的分区控光。在 2021 年 8 月的发布会上，全球首款、TCL 第三代 OD Zero Mini LED 智屏宣布上市，这也标志着全球 Mini LED 技术的巅峰之作的问世。中国机械工业企业管理协会预测，到 2025 年 Mini LED 的市场渗透率将超过 20%。TCL 集团拥有全球 Mini LED 电视 90% 的市场份额，TCL 华星光电独立自主发展完善了 Mini LED 面板产线，也为其产线战略的初成画上了一个圆满的句号。

成立将届 10 年之际，TCL 华星光电顺势开启了全球化之路，印度作为国际化的重要战略区域，成为其迈出征途的首站。然而，印度市场充满了各种不确定性因素，复杂多变，波诡云谲。在政策取向、生活习惯、职业工作等各方面，都与中国迥异。但从国际化布局角度来看，印度拥有庞大市场与廉价人工，又是必须攻克的“堡垒”，所以其首当其冲成为 TCL 华星光电率先瞄准的目标。2018 年，TCL 华星光电在印度建设了手机与电视面板厂。印度市场人口与中国接近，但目前其手机市场空间与中国相差 3 倍，未来印度市场的主要增量取决于印度政府如何为手机市场立法；长短相形，此消彼长，TCL 华星光电重点从电视机市场发轫。2021 年底，TCL 华星光电在印度的产线实现了量产。始自印度，TCL 华星光电正逐步展开全球布局。

二、产品依托技术，研发赋能发展

TCL 华星光电产线布局的重点是，每一条产线要适配最流行产品的发展方向，并实现技术突破。其主要产品借由客户的全球化发展，进而推动自身的全球化，目前已进入主流全球品牌。例如，作为三星的重要供应商，TCL 华星光电的供应范围得以辐射至全球各生产基地，中国三星的全球化营销也客观上带动实现了 TCL 华星光电的全球化业务拓展，未来还将有望进入其他细分国际市场。

在产品技术方面，TCL 华星光电重点发展大尺寸的产品。在全球该细分领域的高端市场，目前其已占据主动位置。根据 CINNO Research 月度液晶电视面板出货报告显示，2020 年初，TCL 华星光电以 18.8% 的份额首次成为全球第一大液晶电视面板供应商，供货主要针对三星、索尼等全球高端品牌。同年下半年在收购苏州三星显示有限公司后，液晶屏也突飞猛进，实现大幅提升——据公司年报，2021 年 TCL 智屏出货量 2358 万台，市占率 11.5%，同比提升 0.8%，全球排名稳居第三，仅次于三星、LG [①]。TCL 华星光电自主研发的 HVA 面板居于高端领先技术，具有高分辨率、高刷新、高亮度等技术特点，使之在大尺寸产品应用上具有较大优势。

TCL 华星光电在产品投入上还善于因势而变。随着电视增长率逐渐进入停滞阶段，汽车显示屏、商用显示屏等细分市场正呈现两位数高增长的发展趋势，因而面板行业仍处于迅速发展阶段。同时，OLED 显示器与 LCD 显示器还形成相互协同的关系，甚至带动了消费类 LCD 显示器的市场发展。基于市场变化，TCL 华星光电开始在

① 《TCL 电子：智屏业务全球领先，智能家居全品类布局持续突破》（2022-07-21）https://baijiahao.baidu.com/s?id=1738930894699033688&wfr=spider&for=pc

车显、商显、广告屏、PC 屏等领域拓展发力，在柔性显示产品领域也实现了规划量产。例如，“制造商不仅是硬件厂商，更是体验的提供者，展现产品的交互性是其核心要义”，既然新能源汽车行业的共识已经形成，在举办车展时，企业也就更需要画面展现更具有代入感的 LCD 显示器。TCL 华星光电恰好凭借着自身在 LCD 领域的技术优势，助力新能源汽车更好地在车展上展现“交互性”。目前 LCD 显示器销量在该细分领域的增长较为可观。同时，由于 LCD 面板采用无机材料，其使用寿命比 OLED 长，重视面板耐用性的行业，往往更青睐 LCD。TCL 华星光电的商显 LCD 显示屏，即银行体系中采用的 32 ∶ 9、16 ∶ 9 等专用显示器，也都获得了快速发展。2021 年下半年，TCL 华星光电商用白板的出货量排名也已跃居首位，主要集中在 65 英寸、75 英寸。作为中国教育白板的主要供应者，其在商用白板领域的未来发展空间仍然很大。

在既有赛道上获得经济效益并没有令 TCL 华星光电沾沾自喜，企业反而充分利用积累的资金、技术、市场等优势，向行业的最新技术发起冲击。当今时代，OLED 可应用于高端智能手机、可穿戴设备等主要消费增长领域，毕竟是主流趋势和发展方向。以往 OLED 业务被三星垄断，其凭借巨大的产能与技术优势，采用捆绑等销售策略，因而业绩不俗，并致使国内相关 OLED 厂商举步维艰，负重而行。但技术进阶的必由之路、必经阶段，不容回避。自 2017 年，TCL 华星光电经过充分蓄势，开始发力 OLED，其第 6 代低温多晶硅 - 有源矩阵有机发光二极管（LTPS-active matrix organic light emitting diode，LTPS-AMOLED）柔性面板生产线由 T4 产线开工生产。2020 年 TCL 华星光电“反客为主”，开始向三星电子供应 OLED 屏幕面板。同年 11 月，T7 项目正式开启量产。面板产业再掀浪潮，在 TCL 华星光电、京东方等一批企业的带动下，中国 OLED 领域正突破束缚，破茧而出。这其中，LTPS 技术十分重要，主要集中应用在全面屏上，是全球高端显示器主流显示技术之一，集成性能良好、多样，其技术应用在 B 端上也有巨大潜力。为了突破产能，2022 年 1 月 18 日，TCL 华星光电又在武汉扩产第 6 代 LTPS 面板产线，新建 T5 项目，建成后其产能将达全球第一。TCL 华星光电的理念一贯重在关注技术的匹配性，在 LTPS 技术上厚积薄发，优势终于显现，相关业务取得了近两三倍的增长，如今三星、LG 等品牌均广泛使用 TCL 华星光电所推出的一系列产品和技术。

在拼接屏、拼接技术及液晶拼接屏的应用领域，TCL 华星光电也利用自身技术积累，取得了较大发展。在商场、酒店、会议、安防等方面，其诸多产品得到应用，形成并驾齐驱之势。三星是全球主要广告屏的提供者，作为三星最大的供应商，TCL 华星光电拥有十分丰富的细分场景，这也成为其未来的重要利润增长点。

如上所述，类似全球其他高科技企业，TCL 华星光电的主要发展路径呈现出技术驱动的显著特点；同时，其善于未雨绸缪，研发储备了大量技术。例如，TCL 华星光电已掌握了较为先进的微米发光二极管（micro light-emrtting diode，Micro LED）应用技术，形成了从 LCD 到 Mini LED 直至 Micro LED 的完整的技术演进策略；再如，在印刷显示领域，TCL 华星光电拥有国家唯一的柔性显示中心——全球最先进的印刷显示平台，并已实现全球领先布局，在广州已打印了多样的柔性显示产品[①]。TCL 华星光电还研究了大量量子点发光二极管（quantum dot light emitting diodes，QLED）材料，基于量子点技术

① 《TCL 华星全球首发多款屏显科技新品 构建多元化屏显技术生态》（2021-11-16）https://baijiahao.baidu.com/s?id=1716578352741349343&wfr=spider&for=pc

攻关 QLED 技术系列，目前其专利申请量仅次于三星，居全球第二。TCL 华星光电也已经制成 31 英寸、17 英寸、65 英寸等产品，未来将持续布局这一产业方向。

2020 年，TCL 华星光电参股了由日本显示、索尼和松下成立的 JOLED，用 JOLED 的小众产线加速其在大产线上的布局，投资 20 亿元，再加上 10 亿元推进新的研发，通过进入日本的产线技术体系，加速其在中国的技术提升。同时，TCL 华星光电曾测算，如果完全自建产线，可能会花费 70 亿 ~100 亿元，所以规划引进日本产线，大大节约了成本。

作为技术驱动的行业企业，TCL 华星光电累计专利申请量已达 5 万多项，全球授权专利超过 1.6 万项。深圳华星光电技术有限公司和武汉华星光电技术有限公司的专利授权量如果合并计算，可进入全球前十，十分可观，这显示出其对自主创新的高度重视。TCL 华星光电除了自主研发，还从夏普公司、三星等下游企业购买了大量专利。其实，面板行业的商业竞争也是一场在无硝烟战场上进行的专利战。一旦专利得以确保，对行业企业来说，无疑是胜券在握。

三、实现智能制造，完善精益管理

TCL 华星光电一直把握技术和市场的前沿，其面板厂基本上实现了智能制造，可实现在微米级工艺上制造产品。TCL 华星光电在深圳有 4 座面板工厂，T1、T2 居于其深圳园区的一侧，T6、T7 则位于园区的另一侧。T6、T7 为 LCD 11 代线面板厂，应用了大量机器人及智能制造系统，包括智能检测设备，如物联网（internet ot things，IoT）环境测量设备，记录数据，用以预估产品品质。通过实现智能制造，大大提升了企业的产品品质、质量率、生产效益。智能制造对于企业而言至关重要，如果不能发现问题、及时止损，所生产的面板在国内会造成巨大损失。4 个厂房递次达产，T6 主要生产 43 英寸、65 英寸、75 英寸液晶显示屏和超大型公共显示屏，设计产能为每月 9 万张基板，而经过不断调试提升产能，其速度愈快，其产能在原有基础之上又增加 10%。

T6 厂房一隅存在着一个“黄光区”，也是整个面板厂最精密、最昂贵、投资规模最庞大的区域。生产车间分有 2 个楼层，10 台从日本引进的曝光机赫然在目，涉及“卡脖子”技术的光刻胶、光刻机都存放于此，面板工艺精度须达微米，这 10 条线全年无休，全自动运作生产。同时，11 代线达 2.3 米的玻璃宽度，屏展下来会装入 24 片的棚位载机中，设备之间按部就班调动、传送、搬运产品。二三十台智能仓储设备、自动搬送车通过铁轨，将各种设备实施高速连通，将产品从一道工序传至另一道工序，全自动不停歇地执行两三万笔指令，超过 90% 实现无人操作。

TCL 华星光电面板厂实行协同联动。所谓协同联动，其一是产线协同。目前，TCL 华星光电已建设了 8 条生产线，其中大尺寸面板业务集中在深圳，中小尺寸业务则布局在武汉。“双子星”式布局，可最大程度发挥规模效应。据测算，对比同等规模项目，这一策略可以节省 9 亿元项目成本和 6 亿元运营成本①。其二是供应链协同。“双子星”式布局在供应链上还可额外节省 3000 万元左右；参股 JOLED 后，华星光电与日商在供应链方面合作，比自建产线生产压缩了成本，提升了效益。其三是厂区协同。在深圳同一厂区，2 座厂并联在

① 《突围之路，一个中国制造业转型升级的典型样本》（2021-09-21）https://baijiahao.baidu.com/s?id=1711482635656354197&wfr=spider&for=pc

一起，相互配合，假设一座厂房生产设备出现异常，另一座可立即提供支援，像齿轮一样密切结合，制造生产，发挥协作效应，如此大大提升了产能。

TCL 华星光电面板厂不断完善精益管理。相比传统生产车间火花飞溅、机械轰鸣的嘈杂环境，TCL 华星光电的生产车间犹如一座图书馆。步入其间，厂房安静整洁，大型智能化机台整整齐齐，极少数操作工人偶尔出现。一块块 1.5 米 ×1.85 米的素玻璃，将在不同区域各种机器中穿梭，依次完成清洗、镀膜、涂光阻、曝光、显影、蚀刻、去光阻等 100 多道生产工序，被层层叠叠覆盖十几层“膜”，再经过覆盖彩色玻璃基板、填充液晶等多道工艺，成为一块液晶显示面板，最后对准切割、磨边，再送到模组厂完成组铁框、贴牌的最终工序。经了解，这座生产车间的建筑总面积约 40 万平方米，相当于五六个足球场大小。庞大而复杂的建筑和工序背后，是精益管理为顺畅运转提供了保障。

在这无尘车间，天花板上有大量过滤器设备，分布率约占 20%~30%，空气从上面经过滤之后吹下，再经洞板，漏至底层一楼，中间墙板隔着的回风扇再绕回，气体反复环绕，产生过滤效果，达到无尘式环境的 Class100 优等级，风机过渡机（fan filter unit，FFU）中环境异常干净。10 台曝光机进行光刻时，正常情况下车间不需强光源，但为了参观厂区专门制作了玻璃墙。参观结束即关灯，可见厂区的节电意识很强。有部分搬运特殊的控片，需要人员管理，渐趋精进；维修保养则需人工介入，如设备进行耗材更换、沥青涂抹、打油等处理，均配备了人员。

3 台高达 4 层的生产设备工序一致，同时开机生产。整片玻璃镀上透明的一级氧化膜，一次生产 6 片 75 英寸玻璃：只见其竖着进入腔体中的真空高泡，再以电离气体轰击靶材形成散射原子，沉积在玻璃表面，形成金属建构的物理层膜。经过曝光、光刻、研磨，这些设备还专有 2 层铺设管路，将其线路加以保留。每台机器一天具备约 1400 片产能，24 小时不停歇，全年无休。同时，靶材为耗材，须通过严格监控，实施寿命周期管理，及时停机更换。

智能化物流已经成为厂区生产管理的重要组成部分。例如，设备进行自动搬运，实现从 A、B、C 工序之间的转移，按照墙上贴有的光管，通过计算机指令加以精准执行。

四、依托 TCL 集团，重组更添虎翼

TCL 华星光电并非“无本之木”，其诞生的那一刻就被烙上了 TCL 的印记——TCL 华星光电是带着 TCL 的“基因”诞生的，创业期的 TCL 华星光电赖以生存的基础正是母公司 TCL 集团。依托 TCL 集团雄厚的原始积累和强大的资源优势，TCL 华星光电快速获得了产品、工艺和架构同步的设计能力与建线能力。其并没有从学习建设低世代面板线的技术入手，而是直接建设高世代 8.5 代面板线，这种跨越式生产正是来源于 TCL 集团早期生产模组的技术经验。TCL 集团对市场、消费者的精准把握，有利于包括华星光电在内的旗下企业迅速掌握顾客的需求变化，并及时反馈到产品的工艺中，促使其工艺设计与产品设计同步推进。TCL 集团提供产业链上相关资源的知识技能平台，也有助于旗下企业由此及彼推知乃至全面理解产品系统中各部件之间的技术关系，在此基础上深入探究、总结经验，形成新的知识技能；同时，TCL 集团促使上下游企业组成发达的联系网络，从而构成稳固的信任关系。这一切都为 TCL 华星光电加速实现技术赶超奠

定了坚实的基础，形成了其与母公司 TCL 集团独特的“合作式创新”发展模式。

当旗下企业 TCL 华星光电这颗新星冉冉升起的同时，其母公司 TCL 集团反倒是面临着业务重组的艰难选择，TCL 集团往昔赖以生存的传统支柱产业如传统家电、通信业务增长乏力，市场需求持续低迷。尤其自 2016 年下半年起，短短 2 年内，传统业务已严重拖累公司业绩，股价一蹶不振，营收止步不前，利润大幅缩水，让 TCL 集团走到了抉择的路口。此刻，已渐成利润“渊薮”的 TCL 华星光电，开始进入 TCL 集团的战略视野，成为母公司在这盘战略枰棋上落子的关键契口。从某种程度上来讲，正是 TCL 华星光电的稳步崛起促使 TCL 集团最终下定了实施重组的决心。曾经的“小弟”TCL 华星光电逆袭而来。

决心既下，李东生毅然决然着手部署。2018 年底 TCL 集团宣布业务重组。此次重组不啻为双赢：蒸蒸日上的 TCL 华星光电如虎添翼，TCL 集团为之提振、焕然一新。TCL 集团以 47.6 亿元的价格将旗下消费电子、家电等智能终端业务及相关配套业务悉数转出、剥离，集中资源专注于半导体显示及材料业务。此次重组明确了企业今后的战略方向，也大大改善了财务状况：重组后企业资本结构进一步优化，资产负债率降低至 60.3%，且经营性现金提升至 76.1 亿元。这次分拆重组被寄予厚望。TCL 华星光电原有一支自主研发能力和创新能力极强的团队，现任 TCL 华星光电总裁曾为乐金显示（LG Display）的副社长，曾负责乐金显示 G3.5 至 G7.5 代线建设。目前，在原有技术基础上，TCL 华星光电经过厚积，已全面布局大尺寸屏幕 OLED、电致发光 QLED 材料的研究及印刷显示等工艺的开发，并推出 Mini LED 分区动态背光，在亮度、色域、寿命、性价比上优势尽显；而在小尺寸面板领域，其首条量产产线直接选用了曾经被苹果手机（iPhone）采用多年的 LTPS 技术，目前已向三星、华为等手机厂商供货。TCL 华星光电曾在 Mini LED 道路上独辟蹊径、从容展布，至此与 OLED 路线汇合共进、一往无前。此时，TCL 集团已对这位当年“踽踽而行的小弟”刮目相看:“同源异流”后足收“殊途同归”、同音谐律之效，战略构思已跳脱出技术布局，凭生出富有远见的艺术之美。此次重组，将 TCL 华星光电与 TCL 集团的终端业务完全分割，客观上还有助于行业中其他制造商更属意于 TCL 华星光电的产品。

重组后，TCL 华星光电的整体组织架构升级，形成多兵种协同作战的有利局面，高效的组织形式促使企业进一步转变为以客户为导向的，兼顾灵活、稳定、标准化的前中后“三台一体”联动的协同创新企业。企业可迅速布局“市场单元”，精准解决“市场碎片化”的顽疾，在技术创新、产品生态与客户需求之间求取企业战略枰棋的经纬平衡，为产线战略带来更活跃、更强大的新势能驱动力。身为后起之秀的 TCL 华星光电依托 TCL 集团飞速成长，重组后更如虎添翼。得益于独特的“合作式创新”发展模式，凭借 TCL 集团壮士断腕的决心、刮骨疗毒的勇气，当年历险创业的“小弟”如今已是一副“逆袭大哥”的虎虎架势。

五、思考与小结：砥砺亦由“因借”，共生蕴以“和合”

在我们探究 TCL 华星光电这家原本名不见经传如今却蒸蒸日上的科技制造业企业时，它的发展历程和成功之道引发了我们深深的思考：它何以在竞争激烈的面板市场异军突起、独树一帜？在庞大的 TCL 集团中它以“小弟”位置起步，如何在寂寂无闻的阑珊灯火中成功逆袭？我们觉得至少有以下两个方面的独特之处值得借鉴。

（一）得天独厚，酝酿逆袭具有先天优势

TCL 华星光电发展显示技术符合国家战略布局，也有广阔发展空间。

第一，产业关乎民生，市场需求巨大。我国拥有世界上最大的面板市场，需求巨大。无论电视产业，还是移动通信产业，都涉及国计民生。与显示技术密切相关的面板等领域事关民族产业在全球的崛起。我国的液晶显示产业在不断的努力与突破下，已经在全球市场中取得了绝对优势地位；OLED 产业也实现了快速突破，核心竞争力不断增强。

第二，涉及信息时代核心，技术应用广泛。显示技术与信息技术紧密相联，进入 21 世纪后，新型显示技术已经成为电子信息业的核心技术，在基础战略科技中起到至关重要的作用。人在接受信息的过程中，很大一部分都是通过视觉途径，而显示屏就是其中的核心一环。目前使用的手机，除芯片外的关键技术就是显示屏。未来大多数的智能设备，如智能手机、智能计算机、视频墙、医疗用显示器等，都将涉及显示技术的应用。

第三，屏幕成为中国在高科技领域的重要突破口。在彩电液晶显示屏方面，我国打破了国外长年的技术垄断；在面板制造业方面，我国加入了日韩与中国台湾地区的固定生产格局，创造出“三国四地”的新生产局面。

正因如此，国家在显示技术领域持续投资，在 14 年间，总投资超过 3000 亿元，促使这一产业整体发展日臻成熟。据中国光学光电子行业协会液晶分会的数据，2019 年我国已成为显示产业大国，液

晶面板产能位居全球第一。随着韩国三星 Display、乐金显示（LG Display）关闭液晶面板工厂，中国面板厂商的全球产能份额将进一步提升，2023 年有望达到 52% ①。

2020 年 8 月 17 日，TCL 集团启动“芯能”战略，TCL 华星光电主要形成半导体显示及材料事业群，重点研发 Micro LED 显示技术及其工程化制造的芯片等关键技术。而发展显示专用芯片主要有三个方面的作用。

一是打破西方技术垄断。目前中国大陆显示面板企业的高端显示芯片还大量地依靠于进口，每年的采购金额超 300 亿元，主要来自于美国、韩国、中国台湾的企业。驱动芯片的本土化率处于一个较低水平，其中电视主控系统级芯片（system on chip，SoC）本土化率不到 10%，一些显示专用芯片则不到 5%。

二是促进消费升级。中国显示专用芯片进口替代需求十分旺盛，目前显示芯片的主要产能仍集中在海外代工厂，这创造出了一个巨大的国内市场机遇。如果能在高度依赖进口的核心零部件环节实现技术突破，实现产业链的连通，则将实现巨大的发展突破。

三是拉动产业链发展。显示驱动芯片领域的竞争将会从最初的单一技术比拼，逐渐变为全产业链技术融合的竞争。因此，与上下游厂商绑定，打通全产业链，构造出国产生态链将是一件至关重要的事情。以设计公司为龙头、制造企业为基础、材料与设备作为支撑，将逐步拉动显示驱动芯片全产业的国产化发展。

正是由于各种主客观因素的叠加，加之 TCL 华星光电在显示技术与面板行业的长期积累，其对于母公司 TCL 集团的价值日益重要，

① 中研网 . 2021 国产面板企业市场份额及未来发展分析 .(2021-06-23)[2022-08-09].https://it.chinairn.com/news/20210623/173113356.html.

在产业内外、集团内外都逐步形成了独有的优势和价值。

（二）自主因借，实现“和合逆袭”与共生发展

从 TCL 华星光电注重“产线布局理念”的角度，便不难看出这家先进智能科技制造企业砥砺自强、自主创新的经营风貌。先有其用于曝光的设备，每台造价高达亿元，后有 T3 项目里的第 6 代 LTPS 液晶显示面板生产线和 T4 项目里的柔性 LTPS-AMOLED 显示面板生产线，总投资达 585 亿元[①]——在面板的话语权仍掌握在韩国、日本手里，国产面板行业方兴未艾的时代，它能绝地求生，所依恃的不仅是高额投入，更是一代代人对先进设备的心血倾注：唯有真正掌握核心技术，方能不受制于人。TCL 华星光电曾经仅用 10 年光阴，就实现从零生产线到大尺寸液晶面板出货量的全球第五，从半自动化到拥有高达 95% 的自动化生产线，并在业内首创 AI 自动缺陷分类技术，成为智能制造企业。

有技术才有话语权，有创新才有产品力。TCL 华星光电坚持自主创新，坚定追求技术主导权和标准制定权。例如，TCL 成为 Mini LED 领军企业的背后，是 4 个显示技术试验室、470 项专利，以及在消费电子业 40 年技术积累的厚积薄发。2020 年 6 月出台的《Mini LED 商用显示屏通用技术规范》，被视为全球首个 Mini LED 商用显示屏团体标准，其中 Mini LED 的 3 项背光标准已进入申请环节。

TCL 华星光电还善于因应借力，其“因借”主要包涵了“和合”的思想。“和”即指“和谐”“和实生物”，主要突出由相和的不同事物融合产生新事物，而非简单的“同”——一类元素的迭加，因

① 腾讯网 . 探访武汉华星第六代 LTPS 液晶显示面板智能生产线（t3 项目）.(2021-11-12)[2022-08-09].https://new.qq.com/rain/a/20211112AOE2Z400.

为“同则不继”。“合”则带有包举万象的“宙合”之意，即“合络天地，以为一裹”，拓开了“和”的范围。“和合”正是对中国古代思想“和”的某种概括。在企业内部，这种因借思想促成了 TCL 华星光电在 TCL 集团中的“和合逆袭”。一方面 TCL 华星光电深知，自身之所以能够获得长足发展，得益于母公司 TCL 集团的长期扶持。比如，其当初起步的关键正是源于 TCL 集团在电视机方面的优势，其在下游有一家 TCL 电子——目前为全球第二大的电视机生产厂商。再如，TCL 集团还帮助 TCL 华星光电整合外部产业链资源，有利于国产面板行业实现共赢——Mini LED 的快速商业化吸引了越来越多的企业参与其中，原本空白的产业链逐步完善，产能和工艺日趋成熟，而且基本实现了国产化。因此，TCL 华星光电始终与母公司 TCL 集团的发展方向保持协调一致。另一方面，TCL 华星光电对 TCL 集团有着足够的独立性，依从而不依赖。它从 TCL 集团赋予自身的业务定位出发，矢志有恒，独立不迁。就连 TCL 集团李东生董事长在论坛上也说，从电子消费类企业转型升级到高科技企业，TCL 集团重组 TCL 华星光电是跨出了关键性一步。

在企业外部，TCL 华星光电的“因借”“和合”思想更多表现为差异迭代、竞争融合与共生发展。当初，三星凭借其巨大的产能与技术优势，在 OLED 上独占鳌头。TCL 华星光电现实而又巧妙地避开了在 OLED 上的过早“火拼”，灵活差异化地选择了由 LCD 到 Mini LED 的战略迂回，表现出和而不同、异而不争。这种经营思想也正与《孙子兵法》中所云“同不足以相胜也，故以异为奇”相似。这种“异”正是当年主流厂商以为过时的“LCD”，及其所不与的“Mini LED”，而恰恰是“LCD—Mini LED”构成了不与竞争对手在同一态势下对抗，而是在竞争中以相异态势应对，出其不意，“异”军突起，差异迭代，造成奇胜。

TCL 华星光电所在的行业更新迭代迅速，因而竞争异常激烈。然而，百战归来，TCL 华星光电反倒更深刻地认识到，在一个快速成长变化的行业，与产业内外、产业链上下游伙伴的竞争融合和共生发展才是未来通途。很早，TCL 华星光电便懂得站在巨人的肩上不断成长提高。以面板的设计技术为例，TCL 华星光电曾努力攻克视觉识别（visual identity，VI）技术。但这一技术在起初量产时，TCL 华星光电遇到了较大困难。于是 TCL 华星光电主动汲取韩国、中国台湾地区诸多厂商的经验，集多家之所长，几经融合诞生了 HVA 技术，使得此技术成为高端电视机（television，TV）产业上的主打技术。除了技术外，TCL 华星光电在供应链方面也积极展开合作。例如，它与日本厂商旭硝子公司（Asahi Glass Company，AGC）在供应链上深度合作，AGC 派专员常驻厂区内，在双方合作之下，玻璃经研磨后可直接运来分散到厂，大大缩减了物流成本。此外，由于玻璃等原材料日益昂贵、奇缺，基于这种良好的合作关系，对方优先供应，形成了供应链上的最大保障。

对内对外“因借”“和合”，TCL 华星光电不但在母公司展现了自身的绝对价值，也在整个产业链突出了自身的相对价值，成为在这一领域实现异军突起、成功逆袭、共生发展的典范。

当然，所谓“大车无輗，小车无軏，其何以行之哉”，战略从来都不是独立存在的。TCL 华星光电很好地理解到了这一点，秉持信用，不断完善产线与产品的完美结合。TCL 华星光电将赢得的订单转化为日益增长的技术、产品与服务水平，铸就品质，塑成品牌，换回了更多的客户信任，进一步积累了厚实的商业信用，以至于 TCL 集团也青眼相加，给予倾斜、支持，使之更强大。信用持续推动战略，战略反过来加强信用积累。行得远在于取信于各方，良性循环促成企业这辆“强輗大车”滚滚向前，逐渐势不可当。

TCL 华星光电的和合逆袭与共生发展之路也并非一蹴而就的，而是经历了铁杵磨针的久久为功。纵观 TCL 华星光电的发展，以往它采取了循序渐进式的生产方式，一条新生产线的建成前后往往都相隔 1~3 年。在技术迭代日新月异的今天，这种独特的循序渐进的生产方式一方面满足了扩充产能、实现技术升级的要求，另一方面也可以最大程度降低战略误判带来的风险，在稳妥投资的同时带来的是较低的工厂折旧费率和行业最高的 EBITDA（税息、折旧及摊销前利润）利润率。根据行业预测，大尺寸面板在近两年可能会出现供大于求的情况，而在 2020 年后，新建项目明显减少，部分产线老化，供需逐渐趋于平衡，届时 TCL 华星光电的两条 G11 代线也将量产。这种迭代接续、步步为营的生产模式，可谓是兼顾了创新和稳步发展。

未来已来。在这个快速迭代创新的行业，TCL 华星光电的未来如何？我们充满期待。

vivo
稳操“不可胜”固本擅胜局

2021 年 10 月 21 日，师生一行从深圳驱车北上，抵达地处东莞的 vivo（维沃移动通信有限公司）。从战略定位看，vivo 是一家以设计驱动创造品牌产品，以智能终端和智慧服务为核心的科技公司。公司拥有全球视野，注重研发，品质至上，其全球布局分为 3 个板块：全球市场、研发中心和制造中心。令同学们印象深刻的是，公司重点布局研发网络中心，积极拥抱时代，把握前沿，引领科技，正如 vivo 品牌中 4 个字母所分别代表的，活力（v 代表 vigour）、个性（i 代表 individual）、成功（v 代表 victory）、独创（o 代表 originality）。同样引起同学们兴趣的是，vivo 是如何在竞争激烈的手机制造市场竞争中立于不败，并且在波涛汹涌的商海搏击中始终以昂扬之姿勇立潮头？

一、切入利基市场，迅速打响品牌（2011—2014 年）

2011 年，当 vivo 出现在手机市场上时，正值全球通讯业发生巨大变革的节点。本世纪的首个 10 年，移动智能终端的浪潮席卷消费电子市场，宣告了移动互联网时代的来临。据知名市场调研机构高德纳咨询公司（Gartner）数据显示，2011 年，智能手机在全球范围的出货量首次超越 PC，达到 4.9 亿台。

互联网转向移动互联网，终端设备也从功能机向智能机转型。技术革命引发了市场巨变，紧随苹果公司，索尼、佳能等多家巨头也加快了产品布局。此时，中国的智能手机竞争尚处在鱼龙混杂的市场早期阶段。vivo 脱胎于步步高，借助其产业资源与市场经验横空切入，以颇具活力的姿态与巨头并行，以突出的产品特色揽获年轻一代客户，切下了属于自己的一块小客群市场“利基”。

（一）市场空间拉开，vivo 迅速打响品牌

vivo 成立之初，从当时的竞争格局来看，国际品牌仍占国内出货量的半壁江山。而迅猛崛起的小米、魅族、华为等国内智能手机品牌商聚焦“相对性价比”，加速圈定 1000~2000 元的国内主流价格，试图打造国际品牌的“平价替代”，抢夺市场份额。

2013 年，vivo 以独立新品牌加入了方兴未艾的智能手机市场竞争。得益于母品牌步步高在中国电子产品市场的深耕积累，vivo 获得了品牌认知度、技术基础、渠道资源与企业文化等方面的先天禀赋，这些也深深影响了后来其品牌的发展路径。纵观其发展历程，vivo 呈现出三个鲜明的特点：在利基市场中承袭禀赋，重拳开局；增能蓄势，站稳国内市场；冲击国际第一梯队。作为后起之秀，vivo 在国内手机市场的激烈搏杀中从“小而美”最终升格为一线品牌。若引用《孙子兵法》中“先为不可胜，以待敌之可胜，不可胜在己，可胜在敌”的思想，vivo 的进阶之道则是：先在大浪淘沙的手机市场中谋求生存，构建起自身“不可胜”的内在实力，而后铸造核心能力，在新竞争格局

下积累待机“可胜”的足够筹码。

（二）专业化与扩张战略——vivo 的利基之道

何为利基？在战略管理中，利基（niche）市场指“针对企业优势细分出来的小众市场”。在利基市场中，拥有特定优势的企业可获得自身在市场中的“生态位”，通过服务特定客群获利。利基战略是指，企业围绕利基市场，集中资源进入，在构建壁垒、巩固其市场定位的同时扩展其市场范围。在发展初期，vivo 通过专业化结合扩张型实施利基战略的脉络清晰可见。

1. 专业化战略：展现技术优势，把握年轻用户

专业化、独特性是利基战略的核心，即聚焦切入利基市场的特定产品或单点特长。在竞争中，vivo 敏锐地观察到，手机产品的需求升级是潜在的必然趋势，因而在战略执行上，vivo 尝试了“先立品牌，后寻扩张”的发展路径。在功能机时代，vivo 产品主打高品质的音乐播放功能，突出音质卖点，并从概念上解构这一功能特色，提炼出“年轻、乐趣、愉悦”等关键词，从而明确了自身的“利基”定位 ——年轻人与极客群体。这一目标客群属意科技带来的乐趣，注重产品的特色功能。围绕相关需求，vivo 构建专业能力，制定市场策略。一是产品内容始终围绕音乐和摄影，展现出一个充满活力、拥抱年轻、追求有趣的品牌形象，在快速扩张的中国手机市场抓住与自身品牌调性相符的忠实顾客。二是产品功能与定价策略“先声夺人”：2012—2013 年 vivo 发布了 X1、Xplay3S 等旗舰系列机型，先后将 HI-FI 音质及 2K 屏幕等技术应用于手机，并在外观上突出超大屏幕、超薄机身等优势。而在特定功能领域跻身国内顶尖之际，其价格也冲上了国产手机从未挑战过的 3000 元大关——策略虽然冒进但实效却

不容置疑：Xplay3S 作为一款 3498 元的国产智能手机在发布前的京东商城便获得了 150 万的预定人数，在发布 1 小时内便售出 1 万多台，官方商城的服务器甚至被激增的消费者访问量“冲垮”了。通过对利基客群的精准把握，vivo 成立仅 2 年，便以独特的产品配合果敢的营销“炸”开品牌、先声夺人，成功冲击了手机市场格局，占据了属于自己的一席之地。vivo 及锋而试，将目光瞄准了后续的产品研发和渠道建设。

2. 扩张型战略：把握下沉市场，构建分销体系

扩张型战略是利基企业扩大自身销售额的重要方式。由于切入的市场范围相对狭小——如特定人群或产业链上的特定位置，因此企业需通过扩展市场的覆盖范围增加自身所触达的利基用户。扩张型战略包括横向一体化（扩张市场范围）、纵向一体化（延伸产业链上下游）与多样化战略（产品多元化）。显然，vivo 在此阶段主要需在横向一体化方面发力。2011 年，中国智能手机的渗透率正在全年龄段、全地理范围加速提升，并形成以性价比为主的渗透推动力。面对增长迅猛的市场需求，vivo 把控年轻人市场，将扩张维度集于销售终端的地理覆盖，并力求分享广大三四级城市的“快速增长红利”。

发展伊始，vivo 选择多层代理制的分销渠道体系自有其独到之见。2009—2013 年，中国手机主导市场由运营商渠道占据，“中华酷联”（中兴、华为、酷派、联想）将自身产品和国内通信运营商巨头实施“强绑定”，在营业厅售卖。运营商旨在借助智能机推广、绑定业务，带动 3G 业务扩张，而非看重手机品质。这导致：一方面手机厂商无须深钻客户体验即能获得理想销量，因而疏于需求研发；另一方面，统一的售卖渠道削弱了手机品牌的差异性，消费者逊于品牌认知。因此，手机厂商忽略了客户体验，进而丧失创新激励。最终，追

求短期销量的品牌商渐渐无牌可打。vivo 另辟蹊径，选择了一条与众不同之路，构建起多层级的代理分销体系，并采取了基于“关系网”的线下门店营销模式。通过铺设“毛细血管式”的线下渠道，vivo 成功进军急速扩张的三四级城市下沉市场。事实上，这得益于 vivo 继承了步步高的渠道能力禀赋和以消费者为中心的需求导向理念。正如 vivo 高级副总裁倪旭东曾坦言：“当时没有推进运营商渠道的原因是，我们认为制造任何产品最终都要消费者满意，而非运营商满意。”vivo 的选择证明了这一策略是行之有效的。

当时，这一市场中智能手机渗透率低，消费者初具品牌意识，但缺乏信息，对价格敏感，有强烈的门店导购与线下售后服务等方面的需求。基于以上市场特性，在产品投放上，除了亮眼的旗舰产品，vivo 主打的走量产品线集中在 S、Y 系列，价格为 1000~2000 元区间。同时，vivo 大量利用头部广告与冠名来打响知名度。上述精准措施使 vivo 在这一时期获得了高增长与主动权。正式成立品牌 2 年后的 2013 年，vivo 在手机的销量便突破了 1300 万部，销售额突破了百亿大关，并在 2014 年持续翻倍增长，市场份额在 2015 年接近 10%[①]。见表 6-1。

表 6-1

Vendor	2015 Shipment Volumes	2015 Market Share	2014 Shipment Volumes	2014 Market Share	Year-Over-Year Growth
1.Xiaomi	64.9	15.0%	52.7	12.4%	23.2%
2.Huawei	62.9	14.5%	41.1	9.7%	53.0%
3.Apple	58.4	13.4%	37.4	8.8%	56.0%

① IDC 为互联网数据中心，不用页底标注。只需在 98 页最后一句“正式成立品牌……”一句前，加上“据互联网数据中心（IDC）数据，”即可。

续表

Vendor	2015 Shipment Volumes	2015 Market Share	2014 Shipment Volumes	2014 Market Share	Year-Over-Year Growth
4.OPPO	35.3	8.1%	25.9	6.1%	36.2%
5.vivo	35.1	8.1%	27.9	6.6%	26.1%
Others	177.5	40.9%	238.3	56.4%	-25.5%
Total	434.1	100%	423.3	100%	2.5%

Source：IDC Asia/Pacifc Quaderly Mobile Phone Tracker February 2016

vivo 的早期高增长在很大程度上得益于对国内进入移动互联时代红利的把握，广告投放、渠道预判等均适应了时代发展趋势。然而，vivo 的早期渠道优势也掩盖了其在产品设计与研发上的着墨不足，产品、产业生态等内力才是支撑品牌价值的核心所在。因此在站稳脚跟后，vivo 开始积累可持续发展的“不可胜”能力，踏上了长远发展之路。

二、积累可持续能力，跟随突入主流市场（2015—2020 年）

当年，步步高掌门人段永平在广告营销上造就了诸多经典案例。而其营销能力在相当长时期都被视作 vivo 品牌核心竞争力的有力支撑。然而，品牌成功的背后其实是公司整体实力的体现，即便是巨幅的海报也不能替代送到消费者手中的产品，通过大幅宣传构筑的品牌力的提升并不能直接转化为产品力。很快，vivo 开始从渠道、产品、研发等各方面铸就自身的可持续竞争力，以期积贮自身的“不可胜”之势。

据国际数据公司（Internetional Data Corporation，IDC）发布的全球智能手机出货量数据排行，vivo 在 2016 年总销量即达到 7190 万台，位列世界第五，全球市场占有率达 5.3%。蓦然间，vivo 已成为中国乃至世界手机市场的一支新锐。销量跻身主流，vivo 并不急于领跑行业，而是采取跟随策略，在看似裹挟之中，“率军”突入主流市场。

（一）“四位一体”，协调共赢

消费者、合作伙伴、股东和员工共同构成 vivo 的“四位一体”价值链，vivo 充分有效地协调了这一价值链主体之间的互动共赢关系。

首先是“让上游供应商赚到钱，并及时拿到钱”。vivo 的供应商伙伴回款周期通常只有 45 天，vivo 会在高毛利基础上给予上游伙伴厂商一定溢价，保证其利润率。其次是“让经销商及时拿到货，拿到能卖出去的好产品”。vivo 对产品方案权衡取舍，首要满足供应链的出货能力和主流市场的出货需求，同时增强营销推广使经销商的生意“更好做”。再次，vivo 基于消费者反馈数据进行产品的更新换代，让用户从产品体验到服务各环节都能感到满意。最后，消费者的认可带来了公司业绩的步步提升，股东和员工也均获较高回报[①]。

vivo 与经销商良好的互利关系助力其斩获了国内市场 70% 的线下渠道，远超同级别友商。协调共赢的“四位一体”价值链引导产品不断推陈出新。借助营销手段，vivo 实现了与消费者的深度互动，推动了此后的产品体验爆发。

（二）跟随与创新并行——vivo 的产品跟随之道

在 2015—2018 年间的产品策略方面，vivo 的选择可用“稳健”二字概括。美国学者李维特教授认为，由于新品开发和商业化需要大量成本，对于一些企业而言有时模仿和创新同样有利。对于 vivo 来

① 楠希 .vivo 真相(序章)：一个可持续发展的商业样本研究报告 .(2017-04-21)[2022-08-09]. https：// zhuanlan.zhihu.com/p/26316436.

说，此时的实力尚不足以支撑其成为产业的领头羊；而若能找到产业之中的领先者并“积极跟随”，则能以较低的试错成本，保持发展中的前端位置。而就企业的“势”而言，即使销量大幅增长，vivo 也不具备挑战行业领导者的资金底蕴和技术积累。因此，“市场跟随”成了 vivo 初期阶段的主要产品战略。

市场跟随的要义是，跟随和创新并重。所谓“类我者生，似我者死”，跟随行业领导者的目的并非模仿，而是在保证产品方向不谬的基础上，在高强度迭代下少走弯路，发挥企业自身差异化优势与创新方法。vivo 的产品跟随战略呈现出两大特征。

一是外观跟随与点状创新相结合。对于年轻的 vivo 来说，对外而言在专利底蕴上其硬实力无法与国际巨头抗衡，而对内则面临着国内手机市场迅速的迭代竞争。强敌环伺，内外夹攻，vivo 深知直接加入激烈对抗，非己所长，切实可行的策略是择优紧跟行业领导者，同时充分施展独创性。因此，配合强大的营销体系，vivo 不断加速释放新品产销能力。2017 年最终调研结论显示，类似 iPhone 设计的 X7、X7 plus 旗舰机型依然大受欢迎。这类手机成了 vivo 有史以来最畅销的新品。追随领头公司的策略显出成效。

为增加产品的独特性，vivo 采用“供应链与产品设计相统一”的稳健产品策略，稳步推进微创新：聚焦了前置双摄、屏下指纹等点状创新和优化，并经迭加积累，转化为贴近市场的终端产品。尽管局部创新难以协同为系统，也不足以从根本上提升产品力，但这类创新已足够凸显产品的差异化。如此，vivo 成功为产品赋予了独特卖点。

二是产品研发与客户调研互动相结合。对于国内头部的手机厂商来说，堆料并非难事，但是否为客户所需，则需花费心思去研判。Vivo 获得客户价值认可的大部分产品设计，都来自于对客户需求的精确把握，其产品决策，则持续以严谨的客户研究结果为标准。在2015年，vivo副总裁兼首席市场官冯磊曾坦言："我们一向不太关注竞争对手做什么，我们更关注的是目标人群在意什么，从品牌的情感、产品功能及用户的痛点寻找突破，这是我们定义产品、品牌推广的核心和缘起。"

在消费者需求的调研上，vivo采用了一种独特而严谨的研究方法。在研发周期内，团队会邀请核心共创用户，高度贴近他们的日常生活场景，并持续互动。例如，在主攻年轻人市场的中高端机型S系列的研发中，为了定位目标用户对于前置人像的需求细节，vivo内部曾成立过一个名为"自拍潮女创业营"的项目，产品经理几乎整天跟随受访女性消费者，观察并记录她们的典型手机使用场景，不断总结关于客户使用理念的新认知，最后诞生的便是"前置广角""柔光双摄"，以及针对分享场景的视频人像技术等一系列颇具特色的体验壁垒。

vivo会把各网络平台的单一客户反馈等重要反馈源放到数据库中，作无差别客户需求分析。例如，在旗舰机型Xplay6的Type-C接口选用上，分别从团队研究和单一用户的需求视角来看，结论迥异。在该旗舰机型所推出的2016年，Type-C型充电接口标准由于其更便捷的充电、传输体验，在友商的高端机型处已多数配备。对于不少vivo用户来说，旗舰机Xplay6没有跟上Type-C接口的普及潮流是一种"巨大缺陷"，似乎透露出品牌方在自家旗舰产品上的缺乏诚意；然而，对于产品团队而言，他们认为旗舰并非代表所有最新最好的技术标准，而是消费人群的最优使用体验。在是否配备Type-C接口这个问题上，需求研究团队曾作了专门的调研，发现除了电商渠道外，通过线下渠道购买Type-C线十分不便，甚至有其他手机客户特地购置转接头，将Type-C转成Micro USB接口。在数据和实际体验说话的产品哲学下，vivo 的用户需求团队“逆势而动”，决定在 Xplay6 上配备 Micro USB。

随着产品的持续推出和业务攀升，这一阶段 vivo 在微创新上的路径依赖也逐渐显现。一直以来，vivo 的主要打法在于局部创新、营销发力。而在产品矩阵中，各机型的标签与特点也逐渐趋同：娱乐、潮流、影像……复购数据诚然漂亮，但用户有审美疲劳之虞，从而对品牌产生刻板印象——缺乏如 Xplay 系列“高举高打”的产品线，未能彰显品牌的进取心，在下一个价格区间的争夺中，恐难再获市场的率先认可。

（三）营销策略：扩张客群，紧贴用户

在国内乃至全球高端媒体上进行“占领性投放”是 vivo 自 2016 年始提升品牌效应的重要手段。2015—2016 年，vivo 参与冠名的热门综艺节目超过 25 个。同时，vivo 深入精细区分了不同系列机型的各自卖点与差异目标人群。vivo 曾在 2017 年签下美国职业篮球联赛（National Basketball Association，NBA）球星库里作为代言人，2018 年则与国际足球联合会达成 6 年的国际足联世界杯（FIFA World Cup）全球赞助合作，2020 年成为欧洲杯官方合作伙伴，这些与体坛顶尖赛事品牌的合作都为 vivo 赚足了目光。通过对高水平传播渠道的迅速占领及精准区别目标人群，vivo 的品牌认可度得到进一步提高。

除了增加品牌曝光度，vivo 的营销活动锐意践行了其产品理念：走进客户心里，贴近客户心声。一直以来，vivo 的品牌形象是“拥抱年轻人”，在进行多目标客群的千元级别产品营销时，vivo 再次巧妙运用年轻人的纽带关系切入下沉市场。在 2020 年推广电商平台新下沉产品线 U 系列时，营销团队实施两步走策略：第一步，与年轻

群体直接沟通，通过活力四射的网络插画投放，展现“年轻敢为”的产品调性和优越性价比；第二步，通过母亲节场景，向年轻客户传达“长辈使用的手机也可以很有趣”的理念，将客户置身于特定场景中共情。这种与年轻人进行沟通、将年轻人作为关键意见领袖（key opinion leader，KOL）放大品牌影响力的营销方式，取得了此次“电商节日”战役的成功，U 系列成了该价位产品的销量之王。

（四）坚守“本分”品牌文化，开疆印度市场

vivo 在印度开疆扩土的历程清晰地表明，企业文化有助于其在走向世界时迅速生根发芽。vivo 内部从创业起就有着根深蒂固的“本分”文化传统。“本分”二字意指分内应做之事，由 vivo 创始人沈炜带入企业。手机市场 10 年浮沉，不乏策略激进、大喊“对标”的企业屡遭折戟的教训。vivo 对“本分”的理解是，以“做好正确事情”的态度“守而勿失”，以“做好自己”的定力“独立不迁”，同时携手商业伙伴实现共赢。印度这一全新市场，正是考察 vivo“本分”文化的大舞台。

2014 年，vivo 进入印度市场。随着国内市场竞争的加剧，小米、OPPO 等品牌均在人口众多、消费活跃的东南亚尤其是印度市场寻求增长。据 IDC 数据统计，印度的智能手机出货量在当年第三季度超过 4600 万，同时仍拥有 26.5% 的环比增长。但如此巨大的市场面临着和中国截然不同的发展环境。一个鲜明例子是，vivo 在国内线下渠道的机动优势在印度却因物流和支付系统不发达而难以形成；受限于配套服务不到位，价格战也并不契合自身产销体系，受挫在所难免。

经过反思，vivo 的应对之策是更加融入印度本地，与当地人共事、共赢。在代理商之下，vivo 配置了更熟悉当地运作的本地经销商，维护渠道中的资金、物流、客情，并迅速在逾 200 个城市为其配套了高

素质、严管控的售后体系；在与终端销售的互惠上，vivo 给导购开出了几乎是全印度最高的销售提成，这使即使是非核心地区的门店月销量也能达到惊人的五位数水平；在与当地消费者的共鸣上，vivo 获悉板球运动在印度十分普及，于是迅速与赛事主办方沟通，以诚意获取了 5 年的冠名权，通过此渠道将品牌的“感知价值”植入本土消费者心中。vivo 印度公司 CEO 陈志涌在回忆此次合作时讲述了一个细节：板球管理委员会（Board of Control for Cricket in India，BCCI）在合同内要求赞助方在协议达成的 48 小时内付款；但 vivo 方签完字后不假思索，不加拖延，当场支付全部款项，这一态度使得合作方颇为感动。陈志涌也表示，传递本分的价值观并不复杂，即以身作则地用诚意打动印度团队与合作方，形成凝聚力。正如 vivo 印度办公室的黑板上写满了“本分”二字的拼音“Benfen”。

三、触顶之后，战略转机直面高端

早在 2017 年，倪旭东就曾提及“存量将至”。而自 2020 年始，这一趋势便成为各手机厂商销量上探的壁垒，即便在 5G 到来之际也难以促进客户掀起原本预想的购买浪潮。当市场增长失速，几乎企业的每分增长都将面临更直接的竞争，优胜劣汰下末位厂商率先出局，而余下的头部玩家之间不得不展开硬核与效率的对决。此外，当消费升级加速市场饱和之际，国内手机厂商普遍意识到：迈向高端，并非“量大管饱”就万事大吉，以综合能力构建的品牌势能才是真正的命门。

（一）手机市场增长探顶，存量竞争加速行业集中

从 2013 年起至 2020 年，智能手机的全球渗透率从 22% 一路升

至2020年的73%，而占据全球智能手机市场1/4的中国，2020年智能手机的渗透率已近97%，已是“完全的存量市场”。再看数量，2021年全世界智能手机的出货量相比于5年前的最高峰也已跌去近3.5亿部，近来微不足道的环比增长仍难掩总体销量的颓势。2021—2022年，市场调查机构Counterpoint发布的全球手机机型月度销量监测报告显示，全球5G智能手机的销售渗透率迅速提升。

但从另一方面看，全球疫情对产业链、供应链的侵害削弱了5G本应带来的市场需求。自2022年起，全球竞争格局正向“两超多强”迈进：苹果、三星两家豪揽了全球40%以上的出货量但尚不能稳坐钓鱼台；小米以29.3%的增长吃下了约14%的空间，直言“彼可取而代之”，而OPPO、vivo两家虎视其后瓜分近20%的份额，至此全球前五的厂商出货份额占到了75%，行业集中度仍在加剧。而华为经受了2021年的出货量腰斩后，2022年又以81.6%的下跌萎缩至市场的3%，在年末的统计中被划归到了“others”中，正待蓄势，以图东山再起。

在国内，三星已无法获取中国消费者的信任，而诸如魅族、金立等小厂商也加速出清。苹果、华为、小米、OPPO与vivo 5家（及其子品牌）几乎完全占据市场，总份额已达96%以上，可想而知，接下来的每一份增长都必是激烈博弈、难分难解的零和竞争。

（二）消费升级带来高端市场机会，国内厂商承接乏力

相较于全球智能机市场的疲软增速，批发价在400美元以上的高端手机销售额同比增长达到了24%这一史无前例的数字。在2020—2021年，我国消费者对于手机价格的敏感度呈现降低态势，2500~5000元市场在中国约占73%的市场份额。走向高端已是每一

个厂商都难以回避的选择。

从Mate 7、P9到Mate 40与P40（pro）系列，华为逐渐拥有了阻击苹果公司旗舰产品的产品力和消费者认可度，乃至引领中国高端手机并在国际上掀起了一波浪潮。而在制裁危机后，除了P50的发布带来些许暖意，2021年几乎每月华为手机的价格在其曾控驭的4000~5000元价位跌势均在70%以上，5000元以上高端机市场占有率跳水至6%。但此时国内的领先玩家恐怕要感叹“天命与之而不能为”：2021年苹果公司只将iPhone主力机型价格下探至6000元，国内其他品牌的高端产品均难有一战之力。据CINNO Research中国手机产业数据观察月报统计，2021年苹果公司在5000元以上市场切走了3/4份的蛋糕，中国品牌在机会来临时确实未展现出应有的承接能力。

vivo与OPPO错过了全面展示高端品牌形象的历史窗口期，而历史却造就了华为。在3G向4G过渡的2015年，技术进步带来了一波国内市场的换机潮，华为发布了其旗舰机型Mate 7。在当时，国内主流安卓厂商绕不开的骁龙芯片出现了体验上的严重下滑，三星的猎户座芯片不能满足出货需求，而华为的麒麟芯片在性能表现上已做好了迎接高端商务市场的准备。内部友商困于芯片而产品疲软，外部对手如索尼、宏达国际电子股份有限（High Tech Computer Corporation，HTC）公司因市场错判正显颓势。于是在华为面前，4000元的中高端价位几乎如探囊取物，仅需乘势而为。随后Mate 8至Mate 20稳居国内厂商高端产品的不败之地。

反观vivo，其与OPPO一致在同一时期砍掉了自身的4000元价位旗舰产品线（Xplay、N、Find），降低了自己的代表机型的价格定位。在手机市场景气时期，这种弹性的品牌定位配合机海战术能够实现对中国最主力购机用户的广泛覆盖。但是随之而来的影响是，在vivo、OPPO走进品牌舒适区的同时，尤其是在品牌走入主流市场的聚光灯下时，其产品形象也不知不觉地被市场和消费者定调。因此，一旦丧失了在大量需求面前展现其品牌高端形象的窗口期，后期则需更多的投入来扭转市场印象。

在《十倍速时代》中，安迪·格鲁夫（Andrew Grove）提出：产业竞争、科技进步、顾客、供应链上下游，甚至规范与制度的飞速变化，已带来一个“十倍速时代”。面对行业、技术、市场的快速变化，vivo应对策略是：坚定向高端发起冲击，在长赛道上持续发力，并迅即部署下一阶段的产品矩阵与渠道革新。届时，期待vivo一如既往地秉持“本分”思维、拥抱变革的成长速度、张弛有度的决策技巧。

四、思考与小结：构筑“四力”，稳求“不可胜”

《突破拐点》一书这样指出：企业发展到一定阶段，需要突破2个能力上所出现的拐点：战略能力与组织能力。战略能力是指公司精准寻找自身发展方向并坚定前行的能力，而组织能力则反映公司内部所具有的综合业务能力。对于vivo而言，战略突破着眼于2个“重新定义”：重新定义产品，使其满足用户的未来需求；重新定义产业，使自身的布局随产业边界的跃迁扩张而发展。而组织能力的突破，则要求在业务能力上实现短板的补足与超越。正如倪旭东曾说：“vivo过去犯大错很少，一路走下来进入最后的智能手机决赛，现阶段仅考虑不犯错已不够，还要加强能力的建设。”

vivo在以往决策上几乎从不剑走偏锋，其产品迭代均信守“穿着用户的鞋奔跑”理念——最贴近目标用户的根本需求。正因如此，vivo 在高端产品上的所作所为，对于我国的手机品牌来说具有一定代表意义。在此，我们将讨论 vivo 走向产品高端阵营的四大核心能力：创新力、产品力、渠道力和品牌力，从这四个视角观察 vivo 如何进行品牌的突破，获得“不可胜”的砝码。在这几层能力中，创新力是产品力的基础，产品力影响渠道力构建的方向，而这三个能力，结合市场营销一同构成品牌力的内涵，决定品牌是否有走向高端并获得稳固高端的资格。

创新力：聚焦长赛道，迈向深水区

就品牌方而言，为保持战略的主动性，创新应由自身主导而非供应链其他参与者所把握，因此品牌方应善于更深入地做整体方案的提供者而非单纯的集成者。事实上，许多中国企业在这 10 年来之所以能与许多积累深厚的国际品牌竞争，是因为中国拥有极高的供应链效率，这使本土品牌在竞争中天生更易获得销量和份额。但这一优势却养成了不少国内手机厂商创新的惰性。一个典型的场景是：以高通的 SoC 为基础，屏幕、镜头、玻璃等部件均从高端供应链处购买，而自己却仅作为组合厂商拼凑出一份“量大管饱”的旗舰手机——这种类型的竞争，将导向极致成本控制的恶性业态。如果本土品牌希望不断获取溢价，则始终要思考自身的另一条差异化路线，即如何以相同成本，为用户带来更高价值——这才是赢利能力的来源，也是护城河之深堑。

因此，vivo 集中发力于具有用户场景、迭代确定性、经历长期技术积累和研发投入才逐步确立优势的四条技术创新“长赛道”：设计（如外观、交互）、影像（拍摄、视频等）、系统（包含底层系统和 AI 技术使用）、性能（如游戏等场景）。这四大长赛道的技术研发基础分别由 vivo 的全球十大研发中心所支持。

（1）全球布局研发，突破影像技术

vivo 明确“在认知正确的情况下，研发投入不设上限”的态度。vivo 在全球 7 地建立影像研发中心，利用全球资源进行影像软硬件的基础性综合研究。例如，国内东莞总基地借助大湾区成熟的手机硬件链条进行影像硬件研发，杭州基地进行算法研究，圣地亚哥基地则进行图像处理引擎的研发并与谷歌展开深度合作。vivo 在进行技术研发的同时高度重视自身的技术前瞻性。vivo 中央研究院将此称为“技术灯塔”，即将过去技术前瞻的跨度从 12~18 个月延长到 36 个月以上。在客户有确定性应用场景需求的技术方向（如 AR 混合现实、手机影像等领域）上深耕，形成自己的“技术货架”，为产品的前瞻做足规划。这是国产品牌迈入技术深水区的必由之路，vivo 做了大胆有益的探索。

（2）国产芯片的模块化进阶思路

放眼全球，能自研 SoC 方案的手机厂商只有 3 家：苹果、三星、华为。而强如华为，也是在千亿元级别的投资下，从 2004 年开始持续研发迭代才能在 2015 年后开始提供较高质量的芯片方案。对于 vivo 这样的后发手机品牌而言，短期内无法回避与高级别的芯片产业伙伴合作，同时也需要逐步探寻自身品牌在芯片产业方面的长远规划方案。

vivo 实际执行的策略也充分代表了手机行业对芯片问题的认知和策略选择：近期的缓兵之计是与产业伙伴一同推进定制化芯片开发，以减少对通用芯片的采购，构建底层的差异化体验，代表动作是与三星合作的 Exynos 980 与 1080 芯片。其撬开了国内市场华为和苹果两家独占 5G 级别的 SoC 局面，利用产业链下游的位置为上游芯片

厂商提供更符合用户真实需求的设计方案。而长远的芯片开发能力的构建则从投资入手，并采取以模块化功能为先、继而集成化的策略。这也是在平衡自身能力与进入风险之后的决定——毕竟，并非所有人都有华为的十年沉淀，因而最快和最符合实际的方式是吸收外部力量并优先依据用户体验构建芯片能力。自2019年始，OPPO和vivo两家在芯片行业的投资分占总额的约50%与30%，并于近期先后发布了自身的图像信号处理（image signal processing，ISP）影像芯片MariSilicon X与V1。类似的，小米也在SoC受挫后于2021年年初发布了影像芯片C1。

上述从影像场景切入芯片研发也代表了国产手机品牌的一个共同认知：贸然闯入集成化赛道，追赶的代价巨大且效果不佳，更稳健的战略是从SoC的外围进入，从模块化功能出发逐步升级到SoC。vivo搭载V1芯片的X70与X80系列旗舰均在4000元以上的价位取得了堪称爆款的销售佳绩，也说明当前的高端消费者在一定程度上认可自研影像芯片带来的用户体验。对于国产品牌而言，下一步则是逐步进军嵌入式神经网络处理器（neural network processing unit，NPU）、图像处理器（graphics processing unit，GPU）等SoC中的其他计算模块，以模块化的不同应用场景为基础，逐步全面包围SoC。对于vivo而言，自研影像芯片也不足以让它在行业前列保持太久，当其成为高端标配后，vivo还需要不断地对市场讲述更亮眼的创新故事，持续推出更好的创新性产品，以在技术层面保持高端竞争力。

产品力：“稳”字当头，持续打磨

从体验角度来看，高端产品并不等同于优秀产品。高端客户群体不仅为产品的综合性能表现买单，也为标新立异的设计与引领性的变革支付溢价，而其背后是对产品表现与调性的认同。比如，初代小米MIX，即使它并非完美的量产产品，但其为手机市场打开了通向全面屏的大门，其形态创新与性能的巧妙平衡在市场上获得了一片叫好声，是小米正式往中高端阵营发力的敲门砖。同时，品牌方也必须注意，产品的新意不能过于领先时代，即应该在何时、以何种形式、推出何种新的技术产品设计还是大有艺术的。在这方面，vivo 确有独到之处，其产品策略与整体的战略定位相结合，产品发布节奏恰如其分地反映了其“跟随者”的形象。例如，在推出相同技术、卖点的同类竞品中，vivo 往往略晚于友商发布，并通过进行一次适度的迭代以揽获消费者。然而，在这种表面上典型的跟随者策略背后，若深入了解企业内部，则会发现 vivo 在产品方面的态度其实是“战略前瞻，战术延后”——先观察确定趋势、备案充足，出手则确保行之有效。vivo 内部有一句格言：“敢为天下后”。这意味着，“稳”字当头仍是 vivo 在往中高端进军时的产品策略，但中高端产品市场对产品的细节要求则决定了 vivo 的跟随要在友商和自己进入的市场中自我加压、持续磨砺、锦上添花。

1. 提纲挈领，产品文化更新

2021 年，vivo 正式更新了企业文化。在企业使命中，将为客户“提供优质的产品与服务”更迭为“创造伟大的产品”，并将“设计驱动”写入企业的核心价值观。vivo 希望通过“设计驱动”的企业文化内涵，要求所有员工去制造前沿、极致的产品，不甘于平庸、不止于“好用”，而是一如曾经的 Xplay 系列，为市场诠释领跑，给客户昭示颠覆。

2. 视野前瞻，产品储备充分

vivo 对于技术与产品相结合的认知是：除了要有技术积累，还要有对消费者和市场理解认知方面的积累，从而产生符合其需求的预判，在可能生发需求的维度上有所储备，在产品决策需要时有备无患。相对于其在技术储备方面的“技术货架”，vivo 内部对产品的规划则称为“产品铁三角”，即产品方案、量产能力、技术确定性。从这 3 个角度，vivo 力求在未来 36 个月谋定产品布局，保持与行业最前沿品牌拥有同等视野，力保在追赶高端的途中“不掉队”。通常，vivo 的中央研究院以 P+5/6 代的预估来做技术储备，而产品团队则至少以 P+2 或 P+3（即当代产品未来 2~3 代的产品）的进度布置“产品储备”，从自身“技术货架”上选择将要应用的技术，并进行量产稳定性、供应链 - 产能适配性的预先验证，配合严密监测市场动向与消费者反馈打造出市场表现稳定的旗舰产品。知名市场调研机构 Counterpoint 在发布 2021 年度手机行业报告时称，vivo 是中国地区的“低调之王”，这或许堪称“中肯的评价”。

3.“极致特性”，产品定义超前

所有 5000 元价位以上的手机品牌都必须直面“用户为什么不选择苹果或华为”这样的问题。二者长期抢眼的创新表现所赋予的产品质感持续获取了高端用户青睐，并已形成了消费者惯性认知。vivo 在高端能力上的短暂积累若暂时力有不逮，那么不如避其锋芒，集中单点局部优势，突破薄弱环节，之后通过积累再逐渐补足相关短板。对此，vivo 副总裁胡柏山阐述道：“如果 vivo 走与苹果类似的产品道路，没有做到足够差异化，就无法吸引消费者的兴趣。在高端市场，用户需求高度细化。我们相信消费者对某些细分方向有极致追求，如影像、商务等……我们的思路是，通过发掘用户真正感兴趣的地方，再持续做突破创新，吸引用户。”vivo 前期的获客手段，正是在最能为用户所感知的单点上做文章，以攻入主流市场。

越是高端市场，品牌认可度所占购买意愿的比重就越大，即品牌忠诚度和复购率直接的相关性极强。vivo 的策略是以某一方面极为亮眼的产品功能切入高端市场，把握市场对自身高端产品的认可，以及部分用户产生粘性的窗口期，既能获得与其他一线品牌同台竞技的资格，又能避免维持面面俱到的产品策略，正如此前证明行之有效的举措，集中资源主打极致影像从而获得市场热烈反响的 X 系列产品。当然，长久之计还须系统提升能力，须加快自身在操作系统、跨设备协同等操作体验层面的能力积累，以形成多方面技术与用户体验的良性循环。

4.“一主三辅”，产品布局扩张

vivo 的“一主三辅”，是指以手机为主，以无线耳机、智能手表、AR 眼镜等智能可穿戴设备为辅的产品结构特征。一直以来，vivo 在物联网（IoT）生态方面的布局相当谨慎。原因有二：一是错过了投资布局 IoT 产业的窗口期，进而缺失了部分平台能力；二是其对于扩展产品边界的态度相对保守、“本分”。所谓“不知常，妄作凶”，vivo 内部认为，在某领域若不具备产品核心竞争力，则不宜进入。因此相比而言，vivo 在手机以外领域的动作寥寥。客观上，vivo 切入智能终端市场是因 5G 时代来临，5G 网络具有更高速率、更低延迟的特性，并能够传输承载更丰富的信息，进而使更沉浸的智能终端交互成为可行；主观上，则是 vivo 在高端化进程中构建更强品牌粘性的需要，是其在思考“如何让用户的下一台设备仍忠于 vivo”这一问题时所做的尝试——多智能终端形成的顺畅连接是用户忠诚度的重要来源。

vivo 在评估进入智能终端市场的切入点时，认为要达成产品特质和自身能力的关联统一。首先，vivo 对智能终端产品的认知是要有很强的“交互性与便携性”，这两大特质决定了用户的使用时长与场景丰富度，更易与用户形成强连接与粘性。其次，其对自身核心竞争力的认知是，vivo 本身与用户互动并形成用户洞察的能力较强，并且 vivo 所处的珠三角地区是我国最大的可穿戴设备的研发生产基地，当地供应链能提供快速的迭代反馈与技术共研方面的支持，入局可穿戴设备的优势明显。综合考虑下，vivo 选择了无线耳机、智能手表与 AR 眼镜 3 个可穿戴设备领域进行投入，围绕手机设备进行产品生态的建设。

渠道力：vivo 对于立身之地的再思考、再构筑

1. 得失之鉴：渠道策略应符合产品策略

线下渠道铺设是 vivo 创立以来的长期安身立命之本。在讨论 vivo 冲击高端阵营背景下的渠道变革之前，我们不妨先回顾 vivo 原本的渠道逻辑。

vivo 与 OPPO 在发展初期和中期，其渠道打法的相似性往往为人所乐道：借代理商门店将产品流通到国内各市县乡镇中，形成巨大的线下营销网络。这一网络同时承担销售与售后功能。由于底层经销商代理多种品牌的情况较为常见，因此 vivo、OPPO 给予销售人员较为优厚的返点促使其更多推荐自家产品。在 vivo 发展的前 5 年，手机市场仍处增量发展阶段，渠道策略因此顺风顺水——符合 vivo 前期“不求胜但求存”的战略意图。但当渠道策略与市场趋势不匹配时，旧有的渠道打法一来很可能失效，二来无法匹配企业新时期的战略取向。在这一点上，OPPO 在渠道上的得失，对 vivo 渠道的再思考、再构筑有着明镜一般的警示作用。

与 vivo 类似，OPPO 在中期同样以中端立身，以成熟的供应链、稳健的产品能力、较高的用户认知价值为基础获得足以维持一线销售人员高提成的高毛利。然而，此销售体系模型所依托的重点是一线人员及与之相关的提成政策，这也往往成为整个体系的不稳定因素。在

2018 年 OPPO 启动进军高端的步伐后，产品定位的突然上升在用户侧遇到了品牌印象与用户认知不匹配的窘境，线下终端销售情况并不乐观。为了打开高端产品的销路，OPPO 削减了中端产品的返点，并向门店承诺更高的高端销售提成。而一线代理商面对用户的不买账，多采用赠送高额赠品的解决办法，因此高端产品的利润水平有时甚至不如中端产品。此外，原先铺设过广的销售渠道造成一线销售团队的培训水平难以把控，加之高额的销售返点致使导购中出现不实推荐，这导致了企业与代理商之间的矛盾。妥协之下，OPPO 只能放慢在高端化的骛远，原因正是手机品牌渠道策略与产品定位的不洽。

线下营销同样是 vivo 的根基，也是 vivo 在品牌高端塑造之路上的必然。OPPO 线下受阻的前车之鉴，不意味着 vivo 要毅然决然地自废武功，而是要让产品与渠道齐头并进。vivo 的线下渠道不仅需要适应更高端的品牌形象反复更迭，同时也需要积极拥抱线上渠道，以数字能力增强渠道，为品牌带来更大价值。

2. 把握线下渠道：全国性的渠道布局方式与更迭的线下形象

渠道策略的更迭意味着产品在渠道中流动方式的改变。2019 年旗舰手机 NEX 3 发布时胡柏山就直言该款产品承担着 vivo 线下渠道变革的使命：过去 vivo 的渠道结构为区域制，即一个大区的总代理商负责全部产品线在该地区的销售，但局部的最优化不代表整体的最优化，类似先前 OPPO 所遭遇的、不符合当地市场状况的高端产品反而折损了经销商的总体获利。首先，vivo 此次站在全国视角进行渠道布局，有意大幅收窄了 NEX 3 的上市渠道，只保留了全国不到 1 万个高阶售点，力求让产品调性与渠道调性一致。一方面，这种渠道安排防止了低层级经销商的利益受损；另一方面，这也是 vivo“人、货、场”相统一的营销理念的回归。其次，为配合营销场景的更新，vivo

推动各地门店形象的升级。当产品向高端突围时，与消费者的触点也应更具“质感”。借着 NEX 3 的发布，vivo 致力于在全国一二线城市搭建购物商场场景内的“智慧旗舰店”，从较为单一的手机销售转向涵盖多智能产品链路的“科技生活体验空间”，通过“服务”与“沉浸体验”带来更符合年轻人心理的购买体验。其在 2019 年于深圳南山开设的概念实体店“vivo Lab”更是作为完全的“产品体验空间”而存在，以更为年轻化的对话方式达成和客户的沟通，全面提升终端形象。中国手机的消费者群体正在不断向新世代更迭，对于线下消费的场景诉求从购物走向了互动和深度的产品体验。通过以更富科技感与互动感的门店设计、更为全面的周边产品铺设，vivo 正再次贴近消费者的核心诉求。

当然，vivo 在一线城市购物中心实施门店扩张也并非一帆风顺。购物商场的流量诉求是其一。其二，由于在高端的购物中心场景中，vivo 的多层代理 - 经销体系必然面临着部分其他手机品牌所直属的一二线城市区域“大商”的强硬竞争。如何在原本不属于自己优势领域的一二线城市突出重围，仍有待见证，仍需另辟蹊径。

3. 拥抱线上渠道：代理端提质增效，市场端全链路服务

在代理商、经销商内部，vivo 正在打通全链路的数字化系统，推进统一的线上系统建设。以渠道端的数字化系统来说，小米零售通是行业的领先者。作为线上起家的品牌，小米通过一套打通全链路的管理系统，不仅实现了降低企业内部摩擦、简化诸多信息对接流程，也完成了高度的经营可视化。而这方面向来是 vivo 的短板之一。其原因：一方面在于 vivo 以线下毛细血管式的门店覆盖立身，精益管理水平不足；另一方面在于 vivo 采取了多层代理制，各地代理拥有各自分散、整合水平较低的数字化系统。总的来看，vivo 的渠道效率受

到较低的经营水平所限，渠道本身应创造的价值没有得到充分释放。

从2020年起，vivo开始着手提升渠道本身的数字化水平。在70%的经销商中重点解决两大核心问题：降本增效、经营可视化。其目标是不仅要促使营销体系内巨大的信息能够顺畅流通，减少信息传递成本，更要实现多层级的经营管理可视化，及时分析进、销、存的状态，进行货物出货节奏与销售策略的调整优化。

在市场端，vivo还与京东深度合作，多渠道展开线上销售能力的构建。线上销售渠道是vivo走向高端路上绕不开的坎。但vivo的"拥抱线上"并非简单的渠道迁移，而是利用京东的平台资源和流量从售前、售中、售后三方面对vivo的线上渠道进行赋能。在售前场景，京东能提供大量线上曝光与营销的资源，助力vivo构建其所缺乏的线上跨圈层营销能力；在售中场景，京东"小时达"的触达能力，精准服务于消费者线上购买后希望急切交付的痛点；在售后场景，除了京东有口皆碑的线上售后体系的强力支持外，双方合作的重点在于京东的用户数据挖掘能力与vivo用户需求洞察能力的有效结合。这意味着，vivo获得了一个大型电商平台内本品牌用户的数据检测维度。以此为基础，无论是进一步实现用户精益化运营，还是构建贴近痛点的差异化服务能力体系，均成为vivo在高端征程上的宝贵助力。

品牌力：核心"三力"为底色，品牌营销为先锋

在vivo的四大核心能力中，除创新力、产品力、渠道力之外，我们需要回到品牌本身。品牌是一家企业的价值符号、一切业务的抽象总和，也代表着这家企业在市场评价中的位置。一切品牌形象的底色都为硬实力，即品牌能为消费者带来的实际价值。无论是最先进的影像芯片、质感与功能突出的手机产品，还是体验与服务更为丰富的

渠道构建，vivo 都在全面进化的路上。而品牌营销则是品牌感知价值的放大器，只有让品牌感知价值与实际创造价值的能力一同嬗变，打破原有的藩篱，vivo 的高端之路才会驾轻就熟，越走越宽。

在 2019 年年初，vivo 对自己的品牌主题形象“vivo blue”进行了重新定义，请来曾经操刀微软、可口可乐、宜家等国际品牌商标字体的丹麦品面设计师博·林纳曼（Bo Linnemann）对商标与主题色进行了再设计加厚、锐化了 logo，并采取了饱和度更鲜明的蓝色作为品牌底色，在不改变消费者已有认知的前提下使品牌的识别特征更加浑然一体而富有质感。

此外，这次升级并非强调对过去的否定和告别，而在于昭告品牌内涵和价值的提升，是对品牌基因的继承与超越。vivo 还是那个年轻而充满活力的 vivo，但更沉稳雅致的蓝色使消费者能更直观地感知到更广阔、更不凡的品牌理念，即国际感、科技感与设计感呼应着高端化为品牌所带来的优雅、稳重与质感。

品牌形象不仅要符合企业所希望展示的品质，还要符合目标客群的身份认同。在《塑造品牌特征》一书当中，美国营销学者林恩·阿普绍（Lynn Upshaw）曾提出“品牌个性”的观点，认为品牌的生命特征将无机的产品注入人格内涵，从而解除消费者的防备心理，并将自身与品牌联系起来产生认知层面的品牌黏性。在消费者生活中参与程度越高的产品，消费者越是注重其品牌所代表的个性特质是否与自身所匹配。而手机作为使用场景极为多元的设备，已成为用户个性的一种表达方式。vivo 品牌形象高端化的过程，在一定意义上就是品牌个性边界扩张的过程：从一个热情奔放的少年成长为一个大气包容、值得信任、不失风趣而保持年轻时尚的成年人。

vivo 向消费者呈现出品牌成长的方式是丰富多彩的。品牌联名、借力打力是彰显自身品牌势能高度的做法之一。2020年，vivo与老牌光学镜头公司蔡司集团达成了全球战略合作，并建立了联合影像实验室。而最为消费者所津津乐道的，则是在vivo的影像旗舰X系列上，使用了蔡司的T*镜头镀膜技术并印上了历史悠久的深蓝色蔡司logo。就其营销资源的属性来说，这类合作若要达成，双方不能有较大的品牌势能差异。蔡司集团这类老牌行业巨头，对于自身长期构建起来的高端品牌形象十分爱惜，在任何涉及品牌相关的操作上均相当谨慎。在达成合作前，蔡司集团高层率团队拜访vivo东莞生产总部，出人意料地重点关注了vivo的品控和绿色环保措施。在获得了满意的答案后，才放心地执行品牌联合的下一步计划。vivo“借力打力”的方式并非通过“贴牌”式的合作，并非单纯地请出其他高端品牌为自己站台与背书，而是在获得对方的认可后，让消费者看到自己以优雅平等、不卑不亢的态度站在国际巨头面前，彰显自身品牌的上升，散发自己由来已久的魅力，从而展现出一种成熟的品牌格调。

品牌之间的合作确能带来聚光灯下的高光感，但任何成熟企业所拥有的另一份内涵应是温情、包容、平易近人的社会责任感。这是一个高端品牌尤需呈现的特质。2021年年底，vivo发布了一部公益短片，以三条线索叙事展现了三位身份截然不同的听障人士令人困扰的日常。他们当中，有听不清车辆喇叭和客户电话的外卖小哥，有无法听到婴儿啼哭的年轻妈妈，也有难以分辨老师上课语句的美术学生。在其中vivo的声音类型识别、无障碍通话等少数群体关怀功能成为了他们连接这个世界的桥梁——让人始终参与正常社会生活的各种情境一一展现。在短片内，技术不再是各种厂商之间比拼的参数，而是扮演了美好生活的传递者。vivo有意削弱其中的品牌展示，短片落幕前才亮出了自己的logo，抛弃作秀式的营销姿态而将纯粹的温暖与无邪的真情，在余韵回萦之际，留给了若有所思的观众。社会文明进步的重要标志是将幸福无一遗漏地带给所有人，而一个品牌的真正进步则在于从“攘攘蝇利，人尽趋之”中飘然超脱，赋予产品以人文关怀的社会价值。以此而论，就 vivo 的品牌升级而言，这是一场意义胜过与蔡司牵手的更好的营销策划。

透过 vivo 的发展历程，我们不难勾勒出这样一幅图景：企业位于业内第二梯队，面临高强度的迭代竞争，从利基市场发家立身，之后逐步迈向主流市场，向第一梯队发起冲击。vivo 的过往成功，是其奋勇踏浪向主流市场不断稳固迈进的进程。随着产业链的完善及硬件的标准化，产品成本日趋明朗，出色的单一功能体验已无法长保客户的高黏性，而植根科技创新铸就品牌底蕴，在硬碰硬的客户体验较量中胜出才是新阶段竞争的核心要义。

当前，真正具有应用价值的颠覆式创新逐渐退潮，产品形态趋于一致，新的通信技术或许将带来下一个时代的终端形态。在产业变革的第一线，确定性将会愈发式微，行业的探索者将会不断探求技术与市场的统一。而技术变革的历史告诉我们，在这个过程中，倒下的往往不是走在前端的探索者，反倒是麻木不仁的传统巨头。

言至于此，vivo 等手机厂商能否穿越下一个时代，要看其能不能在向高端迈去的征程中继续实现自我迭代和创新。不仅要拥有走进产业无人区的创新能力、创新视野和创新勇气，还要有对路径依赖说“不”的魄力。在重点投入早已瞄准的技术赛道时，固然不可忽视技术发展的波诡云谲，但更不要踟蹰于自我否定——毕竟，能够穿越产业发展周期的企业，大多是拥有自我变革的战略主动性、不断创新的勇气及强大动态能力的企业。

立白

聚能数字化　铸造强基业

2021 年 10 月 22 日是此次课程参访的最后一站。同学们来到立白科技集团的总部，远远望去，珠江在北面汇流而过，江面开阔，气势浩大，白天鹅宾馆隔岸遥对，引人遐思。漫步展厅，立白科技集团的党建展示赫然入目，政治引领的力量振奋人心。立白洗衣凝珠、好爸爸洗衣露、威王洁厕灵、西兰清新剂、六必治牙膏、高姿美白精华等，众多耳熟能详的日化及个护产品，琳琅触目。自成立以来，立白科技集团以“健康幸福每一家”为使命，以“世界名牌，百年立白”为愿景，以“立信、立责、立质、立真、立先”为核心价值观，走过了一条独具特色的发展之路。

一、传统立白，荣光之下现隐忧

20 世纪 80 年代，随着改革开放的深入，中国政府对外资控制型投资企业的限制逐步放宽。90 年代初，人民生活水平不断提高，消费习惯持续变化，诸多现代化日化产品进入中国家庭。从市场总量来看，中国洗衣粉产量在80年代末超过100万吨并持续增长，但人均消费量远低于世界水平[①]。从市场结构来看，中国洗衣粉市场曾经只有上海白猫洗衣粉，而随着政策环境的变化，一批新品牌开始崭露头角，活力28、海鸥等新产品逐渐家喻户晓。

（一）战略谋局，勤励而行

正是在这样的背景下，像宝洁和联合利华等老牌跨国日化公司开始纷纷进入中国市场。同时，处于萌芽阶段的国产织物洗涤品牌，在外资企业面前难以抗衡，它们或被收购，或退却转行。1993—1996年间，我国大部分产销量较大的洗衣粉企业纷纷携手外资，成立了合资企业，最多时达13家[②]，它们迅速占领了城市市场高地。20世纪90年代中后期，我国洗衣粉民营企业如雨后春笋般不断涌现，潜滋暗长，形成了外资入局、合资起步、民营萌芽的交错纷乱的市场格局。

1994年，立白科技集团正诞生于日化市场“狼烟四起”的广州。此时，恰逢外资巨头宝洁以合资形式杀入中国市场，成立了广州宝洁有限公司，凭借国际品牌形象及雄厚的技术、资本扎根羊城。同时，国内洗衣粉巨头“浪奇”总部也在此地，倚靠广州轻工集团的技术和资金支持，高富力洗衣粉占据了庞大的市场。面对强敌环伺的竞争环境，初创的立白一缺资金、二无工厂，不啻谓困难重重。如何在险境中图存，在艰难中立足，从而实现平地崛起？这考验着立白创始人谋局的头脑与度势的眼光。面对举步维艰的局面，创始人陈凯旋深思熟虑，开始谋划他心中的战略：洗衣粉是一种缺乏区分度的产品，消

① 张晓冬（1999）. 中国洗衣粉市场分析及对策 . 日用化学品科学 .(05): 17-20. DOI:10.13222/j.cnki.dc.1999.05.005.

② 何泉，涂严红（2001）. 中国洗衣粉的现状与前景 . 日用化学品科学 . (02): 3-4+25. DOI:10.13222/j.cnki.dc.2001.02.002.

费选择主要取决于渠道触达和品牌效应。若在广州等华南大城市拼争，以立白初生之微弱渠道力量、名不见经传之品牌口碑，必是以卵击石，初创事业必遭铩羽；然而，此时乡镇、农村的广大区域却存在日化产品的巨大消费缺口，外资、合资、民营 3 类企业均尚未进入，同时中低档洗衣粉的价格正明显爬升，显露出良好的发展潜力。居于主战场之侧后，必然存有可观的战略纵深，又处于竞争对手的薄弱地带，正可发力一举攻下；待立足已稳、实力厚积之后，再图争夺城市制高点。战略既定，立白开始以退为进，选择暂时避敌锋芒，离开大城市，向三四线城市、乡镇农村发起“突围”转进。

立白率先选取目标，以县为单位发展销售网络，提高渠道覆盖率。这其中，也面临着巨大的困难，即便在陈凯旋的家乡普宁也打不开局面。为了打开销路，他只能四处奔波，遍寻哪怕稍纵即逝的微弱商机。为迅速抢占农村市场，立白全力组建农村销售网络，撬动广阔的低价市场，并通过与其他工厂合作，以贴牌生产的方式，迅速解决产品问题[①]。立白以时间换空间，在竞争对手忽略的“边缘地带”稳获立足点，其转进农村的战略之举渐露锋芒。

（二）因势识变，应变立身

当年的国产日化企业大多“先办厂，再卖货”，掌握产品生产能力后再铺开市场、争取份额，而立白一反“先办厂，再卖货”的传统模式，率先采用 OEM 模式，走出了一条“轻资产”的发展道路。创业的最初 3 年，立白完全依靠外部产能，实现了轻资产的经营周转，为未来发展积累了宝贵资本与市场认知。OEM 模式的经营思路突显出立白在创业之初便善于识变、应变，相应采取得当的经营方法，而

① 民族日化巨头立白，能否成为中国宝洁？

OEM 模式本身也为创业初期的立白烙下了“轻资产”的烙印，这一点亦体现在其日后的战略思路中。

对于陈凯旋来说，1994 年是立白独立运营的开始。而立白品牌则早在 1992 年便已注册，超前的品牌意识源于他早年经商的一次经历。20 世纪 70 年代末，陈凯旋在广州辛苦打工 3 年，却只攒下 10 块钱，正当他准备返乡时，却在无意中瞥见一家门店前热闹非凡：人们在抢购比肥皂更划算、更实惠的洗衣粉。经过调研，他发现这些小店的货源都来自外地，如果自己能从本地进货，就能以价格胜出。于是陈凯旋“就地取材”，在那家小店对面销售起本地货，同质低价，打起了价格战。正当生意如火如荼之际，危机却不期而至：本地厂商眼见其中利润丰厚，撕毁合同，直接进入零售端。由此一来，不仅价格已无优势，同时还造成大批积压。这次挫败却使陈凯旋深受教训和启发：未来的市场不只是经销赚取差价，市场经济也终有成熟的那天，只有建立实体工厂、形成产销一体、拥有自身品牌，才能最终走上一条独立自主的企业发展之路。也正是在此期间，立白逐渐在经营中形成了差异化意识。

陈凯旋在调研中发现，市面上现有的洗衣粉产品常会在使用时溶解发热，对于手洗用户的皮肤会有明显伤害，而中国消费者“手洗贴身衣物”的习惯非常固定。由此，他组织研发了“不发热”洗衣粉，进而打出了“不伤手”概念。相对于国际巨头，国产洗涤品牌首次拥有了产品差异化优势，立白产品也逐渐深入人心。好产品离不开研发投入。立白靠“不伤手”的科技卖点打开市场，为了保持产品品质，立白一直在研发上重点投入，并在不同地区设有区域研发中心，根据衣物材质、洗涤需求和气温等差异，有针对性地进行研究，持续开发新技术新产品。

立白还尝试构建了颇具特色的专销商制度，正是由于陈凯旋等创始人具有敏锐的商业洞察力，善于因势识变，立白早期才能在激烈的市场竞争中、复杂的商业环境中，审时度势，应变求存，立身发展。

（三）强基固本，厚植深耕

随着非公经济发展与大湾区的腾飞，人们洗涤消费习惯也发生了巨变，立白日益增强自身的基础能力，以适应日新月异的市场需求。它所书写的故事也正是那个时期许许多多中国企业家顽强拼搏、奋发进取的写照。

第一，产品迈向品牌塑造。立白的品牌塑造之路正是从重视产品质量打造开始的。自从陈凯旋组织研发了“不发热”洗衣粉、打出“不伤手”概念后，立白的产品具备了有效差异化的基础。然而立白认识到，产品经营迈向品牌经营的过程，是产品的使用价值转化为消费者价值并被消费者高度认知的过程。因此，立白开始注重市场营销与宣传，它授权拍摄了那条足以被称之为一代人回忆的“不伤手”广告。“不伤手的立白”这句广告语广为流传。这则广告不但带火了“不伤手”的立白，更强化了消费者的价值感知，而且还将立白品牌和国际品牌相提并论，迅速普及立白洗衣粉不输于国际品牌的产品认知，更巧妙地表达出了陈凯旋挑战外资品牌的决心。在这次成功营销的助力下，立白将销售扩张到广东以外的市场，获得了进军全国的良机。

关注产品质量，立白以生产研发开路。在考察厂家时，陈凯旋会在现场将洗衣粉倒入水盆，测试颗粒在水中的溶解度。在委托生产时，他会严格要求代工厂提升产品质量，也会委托权威检测机构协助品控，保证立白洗衣粉质量过硬。立白的“不伤手”概念依托坚实的品控基础，其影响力在市场日渐扩大。

从 1998 年在番禺建成第一家工厂起，立白就坚持“绿色工厂”的环境友好型生产思路，坚持创新驱动、绿色发展。它率先成立了“立白绿色生活研究院”，获得轻工业首个“中国轻工业绿色洗涤用品重点实验室”称号。立白推出的国内首个食品用洗洁精、全球首创遇水“不发热”洗衣粉、不含荧光增白剂的洗衣液等产品均助其不断巩固产品创新优势。2008 年，核心产品洗衣粉陷入增长瓶颈，洗衣液逐渐成为洗护产品的“第二曲线”，这一市场中原有以洗手液为主的蓝月亮、以消毒水为主的滴露士等强有力的竞争者。立白借助得心应手的营销打法，迅速成为洗衣液产品市场的有力竞争者，并在该产品线不断创新，推出洗衣凝珠等全新产品，将产品节水性、环保性、安全性推上了新台阶。到 2014 年，立白发明专利总量已稳占业内首位，是排名第 2—5 位专利总和的 2 倍之多。

立白谋求品牌多元化发展，致力于“做强做大民族日化”。日化行业中的一大突出特征为产品本质上缺乏区分度。因此，若一家日化企业试图扩张，“货架策略”是其无法回避的营销手段之一，即精密捕捉日化行业发展趋势，抢占终端销售场景货架，以尽量全的产品系列最大限度地满足消费者多元化的需求。纵观任何日化巨头，均十分着意于扩展自身的产品矩阵和品牌矩阵，以联合利华与宝洁为例，旗下均有 300 个以上的品牌布局，涵盖数千种日化用品及几乎所有日化场景。为了实现业务拓展，产品和品牌多元化已是不二选择。而立白产品扩张的动因还与其专销商制度有关——若要为旗下专销商打开产品销路并分散风险，多元化布局是其必经之路。

1996 年开始，立白进入洗洁精市场，通过调整研发计划与产品推出节奏之间的关系，采用内部培育与收购兼并共进的方式，确立了“核心自创，品牌运营”两条腿走路的多元化模式。

在“核心自创”方面，立白书写的经典案例是切入痛点显著、需求激增的家用卫生杀虫产品，从一小盘蚊香产品起步，历经8载缔造出近10亿元营收的超威品牌。2006年，立白成立了超威事业部，专营杀虫驱蚊产品，日后独立成为朝云集团。相比立白，朝云集团聚焦家居护理，主打“超威”“威王”“西兰”“倔强的尾巴”等知名品牌，覆盖杀虫驱蚊、智能家居、宠物护理和居家清洁等多种场景。2020年朝云集团在香港上市，成为立白凯晟控股有限公司（以下简称立白凯晟控股）旗下首家上市的控股公司。如今，立白旗下的名牌产品、著名商标已达30多个。

此外，2005年立白重组天津蓝天集团，2006年申购奥妮商标，同年转战上海收购高姿，进军口腔、化妆品等相关市场。在收购中，立白逐渐树立起“民族日化企业”的品牌形象。在2006年收购天津蓝天集团时，更以其本土身份、渠道能力和发展战略，以低于其他竞争对手近半的价格达成收购目标。2008年立白洗衣粉以25%的市场份额实现全国销量第一；洗衣皂、消杀等也进入行业前三；2011年，富凯实业成立，立白进入产业地产板块；2014年，宝凯道融成立，立白进入金融板块业务；2015年，立白凯晟控股成立，在原有大日化实业的基础上实现了多元化经营，目前业务涵盖大日化、大健康、金融、商业地产等板块;2016年之后，立白投资控股广州国际医药港，进入大健康产业。

立白厚积产品研发，稳步形成对终端货架的控扼之势，于内外资强势竞争的环境中生存发展，最终实现超越，成为国内无可争议的头部日化企业。

第二，渠道锻造专销商制度。在快速消费品行业，特别是日化洗涤行业，立白以其强大的渠道闻名遐迩，它从华南地区一个区域性品牌逐步走向全国，一举成为行业龙头，其管理严格、实力雄厚、品牌忠诚的分销体系最值得称道。

在当年，日化行业企业主要采用多层级的经销商模式：大经销商向品牌方提货，下级经销商再向上级提货。经销商提货大多不支付全款，销售完毕后再向上级回款，最后回至厂商。这种经销模式有助于品牌方迅速铺开产品，并将出货维持在实际销售之前，但却有回款周期长、出现坏账概率高的风险。作为经销链条的起点，厂商往往成为资金赊账压力最大的一环，立白也不例外。在进军三四级市场的过程中，为了规避资金链风险，立白向经销商提出了“现货现款”的要求：不再垫付货款，一手交钱、一手交货。如此“不懂行规”的要求在经销商队伍中一石激起千层浪，许多经销商终止了与立白合作。辛苦建立的经销商网络损失大半，立白迅即陷入困顿。

面对这一局面，陈凯旋充分施展潮汕商人的家族经商智慧，果断推出“专销商制度”。制度允许拥有相应资源及意向的亲朋好友成为立白的地区专销商，这些专销商不设上下层，全部直接与立白定约、执行“现货现款”交易规则，且必须只销售立白旗下的产品。相对于严格规则，专销商在专营市场则拥有更大的自主权，获取更多的利润分成。这一制度规定大大激励了各地区专销商全力以赴开发市场，使立白产品真正渗透至其他品牌无法触及的田间地头。专销商制度成功解决了传统经销商模式下的资金风险，并进一步夯实了立白在三四级市场的品牌基础，而专销商亲朋好友的独特来源也在立白的企业文化中留下了牢固温情的印记，同时高度重视了合作伙伴利益[①]——立白的每款产品上市，陈凯旋都会问：产品的利润能否为专销商带来利润改善？拥有专销商的立白，才算是真正站稳了脚跟。

① 蒋爽．立白科技集团企业文化变革研究．兰州大学，2016[2022-08-09].

立白对于经销商风险的判断果然言中，1997 年，三角债危机在日化行业爆发，厂家、经销商之间相互欠款导致大量资金链断裂，中国近 1/4 的日化企业相继倒闭，其他同行企业也多陷入困境，而稳步发展的立白则非但未受影响，反而乘势而上，加速扩张。在这一过程中，立白运用市场营销、自研自产、品牌扩张和兼并收购等多维度策略，获得了不同凡响的巨大成果，仅用 3 年便成为广东省洗衣粉市场销量的第一品牌。

在赢得了品牌认可、得到经销商的一致好评后，立白的经销权和代理权也成为被追捧的目标。从最初的无人问津到现在的炙手可热，如何拓展渠道、实施管理，已成为立白面临的一个重大问题。

在经销区域的设置上，许多同行采取大区销售、大区发展小区、自上而下逐步发展的策略。立白的布局则是“由农村走向城市”，其根据自己的特点，果断突破了由上至下、依行政级别设立机构的传统做法，而以自身主场的三四线城市、乡镇作为第一站，维系其原有活力，并使之形成与总部畅通无阻的沟通内环。

立白让销售人员直接下到县市一级，选定若干专销商，在总部的有力支持下，使其各自发挥在当地的影响力，力图横向、纵向地铺开网络。一旦某地的专销商发展成熟后，为了提升沟通管理效率，立白就在该区域筹建分公司，为其服务。通过该机制，立白能够迅速地获得市场反馈，并对其进行及时调整，从而极大地提升供应链效率。截至 2002 年，立白已拥有专销商 1600 多家，销售额突破 30 亿元。这些专销商以草根姿态分布于中国三四线城市，其庞大构成令很多对手品牌难以望其项背，形成了立白独特的竞争优势。

随着销售渠道的日益渗透、扩张，立白总部发现直接管理旗下的专销商愈发困难，于是在专销商制度的基础上，进一步设立“商会制度”来优化市场基础，以保障铺货率处于高位。立白借鉴日本的商会经验，将旗下专销商以大区域为单位纳入商会，在同一商会实现相互合作，构成良好氛围，防止恶性竞争。除了营造软性氛围，立白商会也制定了严格的防“窜货”规定。由于立白对其专销商的利润分成较为优厚，往往能促成长期合作发展，一般较少选择恶性竞争。

（四）荣光之下，隐忧渐现

日化行业，营销为王。纵观国际消费品牌如宝洁、可口可乐、联合利华、雀巢等，其持续的竞争优势源于不断为消费者创造附加价值的能力，从而把握消费者的付费意愿。历经了中国日化行业10余年的发展，立白始终秉持“营销为王”的快消品要旨。从“不伤手”广告起，立白就是话题营销的一把好手，数次出手均屡获奇效，持续维持品牌热度。2008年北京奥运会，立白作为中国唯一日化赞助商，高调赞助奥运会和中国国家队，运用一系列奥运会活动配合广告和线下推广，推动当年立白品牌销售额突破百亿大关，并助力其进一步塑造民族日化品牌。在奥运会之后，立白多次使用话题营销策略，进行产品代言，紧紧抓住流量和话题，使其广告屡屡破圈，热度也随之攀升。

但当立白在不断斩获市场成功之时，隐忧也逐渐显现。如今，新世代消费者对于品牌方频繁曝光的关注度正在下降，而对于品牌方所传递价值的共鸣与认同则更为在意。于是，营销模式“去中心化”，以往与消费者的沟通方式遭到颠覆：电视台广告轰炸、知名综艺话题营销、线下地推送产品……这些传统日化品牌“攻城略地”的利器在网络空间上日渐黯然，基于体验的网络口碑与意见领袖成为数字时代的营销要件。话题营销在达成一定流量水平的基础上，更应关注是否在目标客群中精准地产生共鸣，并引发其对于品牌调性、品牌观点的认同——而这一切，都在呼唤立白对消费者更深层次的洞察与把握。

作为日化领头羊的宝洁公司在回答“消费者价值”问题时指出：“为消费者提供卓越的价值、以市场研究领导消费者趋势、通过品牌管理创新保持消费者的忠诚，三大命题均紧扣消费者的需求变动。”面对中国市场上本土品牌的强势冲击和消费者变化，作为世界上规模最大、历史最久的日化企业，宝洁公司近百年的消费者调研体系为其带来了业内其他竞争者难以比拟的市场数据优势，为其在新的竞争时代持续拥有优势奠定了基础。而对于立白等本土后发企业而言，进入新时代，则将要面临一场大考，而这场大考中分值最大的考题将是“如何再次理解、把握并更好地满足消费者的需求”。

二、当今立白：数字化转型拨云见日

（一）为何数字化：新挑战、新机遇、新要求

新挑战：外现拐点，内现积弊

随着数字化时代的来临，日化产品的消费需求也在急剧变化。首先，需求更为多元化。如今消费者对产品质量、形态、功能提出了更高要求，日化产品不仅要“去污消毒、除菌亲肤”，还要具备颜值、社交属性，包含丰富的香型。也就是说，上述要求构成了消费者对产品的“喜不喜欢”，而非从前的“有没有”、“好不好”。对此，企业更需敏锐洞察消费者内心、提高品牌感知与反应能力，以便有的放矢地进行产品研发和营销，及时精准地把握消费者需求。其次，消费者通过线上渠道购买的比重增加。立白这一老字号品牌耕耘传统门店早

已游刃有余，但要贴合年轻一代主流消费习惯，不仅需要聚焦电商平台、社交电商和团购等渠道模式，还要持续优化线上购物体验，为后续新营销模式积蓄力量。再次，外资品牌持续的“攻城略地”影响需求变化。宝洁日益注重研究中国消费者的核心价值，高精度调整产品的产供销各环节，更以电商与消费者互动作为数字化转型的主要抓手，探索形成产品 + 服务的数字化商业模式，推出 OPTE AI 素颜仪、欧乐 B iO 电动牙刷等独特新颖产品，极大影响了消费行为与需求。需求巨变掀起大潮，竞争对手步步紧逼，让立白意识到：寻求突破，迫在眉睫！

在新挑战下，“老国货”立白经营机制方面的痼疾也陡然显现。早期立下赫赫威名的专销商制度，因其复杂的纽带关系，如今已渐成立白新发展的桎梏，成为阻遏企业提升竞争力的隐忧。网络购物和直播带货模式的普及，正加速改变传统的购买方式，也挤占了线下专销商的生意份额，使专销商制度雪上加霜。改革已箭在弦上。

新机遇：弯道超车，品牌升级

新挑战也孕育新机遇。中国经济的稳步增长不仅带来消费趋势的日益转变，更带来大国自信心的日渐增强，这些变化也为立白带来了弯道超车的机遇。一方面，随着我国制造业的转型升级，产品质量有了明显提升，中国制造迈向“中国品牌”，新一代的消费主体向国货投去更多目光。而在贸易战旷日持久和新冠肺炎疫情不断肆虐的大背景下，国潮更成为崛起的新风口，这为立白等国内传统日化企业带来了与外资企业、合资企业正面交锋的一大窗口期。

而在这一窗口期，借助人工智能、云计算、5G、物联网和区块链等新兴技术创新，数字化成为立白必须要拥抱的趋势，其为立白带来的变革、转型、赋能是其实现赶超的重要动力。数字化转型成为企业重要的发展战略。立白必须借助数字化，使体量巨大的专销商体系在数字化时代再生活力、再造威势，推动立白破局、提升。

数字化还能助力立白打破品牌溢价受限的瓶颈。通过对用户画像的细分，有助于立白掌握市场整体需求的变动方向，同时又能够捕捉到更多特定人群的特定需求，从而进行有针对性的产品创新，通过精准把握并满足消费者的现实或潜在需求，以最大程度实现消费者价值，并在这一过程中也为自身产品获得宝贵的溢价能力，有助于进行下一次品牌升级。

新要求：百尺竿头，更进一步

相比技术系统的引入，立白更强调全面赋能、深度改革的战略与决心。对许多传统企业而言，数字化是潮头，是风口，是解决自身问题的破局之策；然而据《2019 埃森哲中国企业数字转型指数》统计，国内仅有 9% 的中国企业在数字化转型后产生了良好的经营绩效，而绝大部分企业的数字化转型实践并未取得实效，尽管仍有无数企业对数字化转型趋之若鹜。而立白的经验告诉我们：数字化转型不是噱头，而要针对经营痼疾对症下药；数字化转型更不是空中楼阁，需要依托企业的资源基础与历史继承去进行。

新时代风云际会，立白面临的主要矛盾已从集团边界扩张转为全面精益运营。以数字化能力构建为抓手，进行资源积累，革除顽疾。具体而言，有如下三个问题亟待落实：增强对消费者的洞察能力；适应新的营销场景；带来新的内部协同方式以革除掣肘。通过对内、对外的能力建设，立白旗帜鲜明地回归“营销为王”的初心，努力做数字化时代的日化王者。

（二）如何数字化：全面深化，持续发力

新开局：增强消费者洞察能力

欲重现昔日光彩，立白从营销端开局入手，递次覆盖消费者运营、产品研发、终端管理、经销商赋能、一线赋能、新模式赋能、计划协同、精益化营销、敏捷供应与支付等全业务场景。数字化转型在立白打造应用系统的这一步棋劫布局中，着重体现了对用户的重视。

立白开展营销端的业务数字化，可概括为：建设营销全渠道架构，配合专销商通路优势，打造互通数字化产品，沉淀数据支持进一步营销决策。先扩展营销广度，再钻研其专销深度，运用数字化工具进一步挖掘、拓展深度和广度，从而让立白的数字化营销更上层楼。

首先，围绕消费者，立白形成了全渠道的运营架构。即以电商、视频和直播为代表的线上渠道，以专销商、大客户（key account，KA）卖场和便利店为核心的线下渠道，并与新零售协同，共同构成了消费者参与价值创造的全方位营销渠道。立白的数字化全渠道架构不但没有削减和替代原有的专销商体系的渠道特色和战略优势，反而通过数字化转型，进一步充分运用发挥现有的渠道特色与优势，重新为雄厚丰富的专销商通路资产赋能，从而最大限度发挥各种战略资源的组合效能。

立白营销端的数字化紧紧围绕用户体验和专销商制度的革新而展开。立白对整个集团的大 B 端、品牌服务商的小 b 端直至 C 端消费者推行了数字化一体覆盖，打造连接各端的数字化产品。在各应用场景中，数字化产品发挥了巨大的效能。同时，以营销业务流程数字化开局，而数字化并不意味着抛弃资源基础，架设空中楼阁。相反，基于其原有的独具特色的专销商渠道资源，立白打造了日化行业独一无

二的全链路贯通的数字化业务覆盖，实现了全通路的业务在线、渠道数据透明，从而为传统的渠道资源进一步赋能。

新尝试：适应全新营销场景

如果说营销端数字化产品再造业务流程是“稳定优势”，那么线上直播就是为营销再造优势资源、“开辟新路”。随着数字化时代的发展，“数字鸿沟”问题逐渐凸显，许多老一代经销商们在新零售场景下无法灵活变通，对数字化应用与经营或不屑一顾，或浅尝辄止[①]。如何让经销商摆脱“吃老本”心态，运用数字化新思维经营生意，跟上立白数字化变革的步伐？针对数字化转型中重要的直播业务，立白的实践解答同样切中要害。

面对直播业务，立白实施三步策略。

第一步，搭建直播专业运营框架。不同于其他企业，立白直接自主成立多频道网络（multi-channel network，MCN）公司欧立氪数字营销有限公司（以下简称欧立氪），提供全渠道直播运营模式，无缝连接品牌服务商、渠道门店客户及消费者，构建品牌私域流量池。企业线上直播业务的开展，并非简单地准备一间直播间、待展产品和拍摄镜头，更需要深度理解全直播行业生态及直播标准规范，更需精准把握用户兴趣。因此，欧立氪在引流同时，通过建立标准化、方便易行的直播培训规范来提高工作人员的业务能力。基于专业化运作，直播带货场景与品牌塑造、粉丝经营、数据管理等全面融合，从而为立白推广新产品、扩展新用户发挥了重要作用。

第二步，集团总裁陈泽滨先生率先探路“新营销”，深度参与直播业务，显示出立白决策层对于拥抱数字化业务新形态的决心与热

① 王玮，叶梓雯，郭俊伶 (2020). 立白科技集团：创一代与创二代的接力赛 . 清华管理评论 .(09): 121-128.

情。面对线上直播，总裁亲自下场激发用户的好奇心和关注点，从而拉近品牌与用户的距离，让直播“出圈”。

第三步，在线上直播业务相对成熟的时期，立白运用数字化直播工具积极承担社会责任，展现出了一个行业龙头企业的格局。通过开启私域直播、联合如“饿了么”等其他平台的方式，立白积极开展助农直播，为农产品打通销售链路，助力乡村振兴新开局。直播助农不仅收获了热度与好评，也为立白树立了健康良好的企业形象，增强了消费者对于立白的认可，也有助于立白进一步开展业务活动。

营销端数字化产品矩阵与线上直播共同助力，促进了立白业务数字化的高效发展。而此外，立白供应链侧同样迈出了数字化驱动的坚实步伐。作为一家产品众多、范围广泛的日化企业，构建智能、高效、协同的敏捷供应体系也是生产制造的关键。基于营销端数字转型的成功经验，立白同样建立起包括供应网络规划系统、采购协同系统和质量管理系统（quality management system，QMS）在内的供应链数字化产品矩阵，在研发、生产、制造、物流、仓储等各流程环节全面落实统一管理，及时调整优化货仓布局，从而在服务提效、成本控制和质量保障三方面赋能业务，使全供应链的布局更加高效有序。

新组织：内部协同方式革新

数字化转型战略的重要内容是基于数字化转型带来的重大机遇，推动其组织结构、战略目标、企业价值定位等发生根本性的革新，并为企业的持续数字化提供不竭的动力。立白在业务数字化和管理数字化方面做了有益的尝试。借助钉钉软件所提供的数智基础，立白打造了数字化工作平台——“嘟嘟”，不但逐步将立白的工作业务实现数字化，更重要的是在企业内部构建了“去人格化”的决策体系，将家族式的企业管理模式改造为程序性的业务运营并遵循了通用的商业规则，进而促使组织管理网络化、扁平化。

一是实现沟通在线。通过集中的“嘟嘟”平台，音频会议、视频会议、直播培训、项目启动会和工作汇报会等多种工作全部接入到“嘟嘟”，全部实现信息和数据的实时互通，在很大程度上提高了沟通和协作的效率。

二是实现业务在线。多种业务在同一平台上在线接入，一旦任何工作环节出现问题，都可以在“嘟嘟”上获得反馈。实际上，是从垂直的问责组织机制，转变为推动人主动从数据中发现问题，以实现全员驱动、自我驱动。参与者之间高频交流、彼此信任，从而提升了工作效率，也最终建立了数据驱动的业务闭环。

三是生态在线。“嘟嘟”不仅是内部组织管理的工具，更营造了整个集团成长的积极生态。线上实时的互动不仅有助于员工主动发现问题并提出解决方案、贡献智力资本，也让诸如品牌服务商、上游供应商、大客户等相关角色加入，确保立白员工集体在同一平台上实现高效的工作协同及赋能规划。

立白运用“嘟嘟”，成功通过了“战疫”与疫后复工的大考。疫情爆发后，通过“嘟嘟”平台，立白科技集团迅速召集各部门员工及全国各地的经销商，为协同组织提效增速，支持抗击疫情；而在复工方面，立白通过召开网络会议等方式实现了远程办公，同时积极赋能生态圈内的合作伙伴，稳定就业，为其提供新的机会。依靠首创“线上订货会”模式，在3783场“线上订货会”中，立白有11.3亿元的累计销售金额，不仅让其在疫后实现了开门红，更为社会抗疫做出了积极贡献。

立白数字化的整体战略，还体现在其对于数字业务经营的思维跃升上。通过业务数字化的开展，立白能将所积累的数字资产沉淀下来，并进一步推进数字业务化，也即应用数据反哺业务本身，赋能集团高效发展。打造数据中台，数字经营、数据驱动、数据变现，也是立白数字业务化开展的重中之重。立白首先做到数据可视化覆盖全业务领域，从销售、供应、品牌、市场、渠道等各方面以数据作为业务支撑。其次是赋能生态伙伴。以“立购星”平台为例，品牌服务商通过查看各维度和指标的数据变化，便可有效掌握生意健康程度，从而提升公司经营能力。在数据应用层面，立白也打造出了独立的数据应用平台——“数略云”。围绕各类用户数据使用场景的不同特性，打造了大屏、PC 和移动 3 个端口，通过数略云的数据可视及分析，可从决策层、管理层和执行层 3 个层面透视数据所反馈的经营问题，从而将客观经营数据与业务发展决策相结合。

数字化转型初见成效，立白继续高歌猛进，于 2021 年成立海南鲲元生活科技有限公司，加速拓展面向 2B 端和 2C 端的战略平台业务。2B 端的“日化智云”产业赋能平台，旨在汇集立白及日化行业生态伙伴的服务能力，从而促进上下游企业的高效协同。作为行业的引领者，立白以自身全产业链的资源和能力为基础，打造产研供销一体的全产业链赋能平台，从而对外赋能；2C 端的“鲸明购”平台则旨在通过社群营销的数字化产品，更好地服务消费者，从而打造立白私域并进行转化。

传统行业要想进行数字化转型，绝非引入技术工具那么简单，更需企业决策层对数字化转型一致的共识、远见与愿景，在方法论的指导下，分阶段、有计划地部署技术架构，并与业务进行双轮驱动，为企业带来更大幅度的降本增效。而立白——这一传统行业中的龙头企业，则早早意识到了数字化转型对于企业发展的核心要义。作为经营数十年的日化品牌，立白敢于跳出传统经营惯性，在短短几年时间内就交出了一张数字化转型的优秀答卷。

三、思考与小结：立白的数字化启示录

大浪淘沙 30 载，立白在持续、激烈的外资竞争和多轮技术、市场变革中生存下来并发展壮大，终于发展成为今日欣欣向荣、日新月异的新国货弄潮儿。究其原因，就在于立白在其发展历程中善于以战略谋局，因势识变，强基固本，深耕厚植。从“不伤手”的品牌定位到“专销商”的渠道制度，从营销、研发直至供应链管理等方方面面，都体现了立白的锐意进取，优化革新。尤其在数字化时代，立白更是主动把握契机，积极求变应变，进行全方位、深入地组织变革和技术变革，在外资环伺、产品趋同的日化红海中闯出一片天地。正如亚马逊（Amazon）的创始人杰夫·贝索斯（Jeff Bezos）曾说：“要永远保持‘Day 1（第一天）’的状态，即坚持顾客至上、保持高度警觉，善于广征博采并作出高效决策。因为‘Day 2（第二天）’会停滞不前，然后逐渐边缘化，继而陷入痛苦不堪的衰退，直至最终消亡。”

立白的数字化变革是在外部环境、内部资源、能力积累间找到一种动态均衡的最优解，最终实现数字化迭变，开启第二增长曲线。我们试将其发展成功之道进一步归纳为**“加减乘除”法**（见表 7-1）。

表 7-1　企业数字化转型的“加减乘除”法

	加	减	乘	除
定义	从提升运营效率的角度出发，通过数字化手段对场景应用、流程闭环、组织协同、人员能力等关键环节进行赋能	从减少组织、流程、IT 系统与业务数字化不匹配产生的运营阻力的目的出发，通过数字化手段对其进行改造优化	实现战略优化、商业模式的创新，创造新价值	去除战略非必要冗余、内外部条件限制和劣势

续表

	加	减	乘	除
做法	增加细分场景； 增加反馈环节； 增强组织内部跨职能沟通、协作； 增强人员数商水平； 增加对数字技术应用的推广与探索	减少组织层级，改造传统架构； 减少冗余流程与人员参与，再造流程； 减少数据孤岛，打通不同平台	借助数字化进行区域扩张； 通过开放协同的数字化平台实现产业链整合； 跳出原有视野，寻求跨界创新	以生态协同的数字化手段，规避原有劣势； 主动剥离、退出与主营业务不相关、优势不明显、发展潜力小且竞争激烈的业务领域

企业的数字化转型可以分为 3 个阶段：信息数码化、数字化业务流程再造和数字化商业模式创新。信息数码化、数字化业务流程再造阶段的重点在于战术层面的“加减”法，而数字化商业模式创新阶段更强调战略层面的“乘除”法。从战术层面来看，企业要做好数字化转型的“加法”和“减法”，更好地进行业务赋能，改进流程，提升效率，降低成本，增强质量；然而，数字化转型除了要善做“加法”和“减法”以降本增效外，还要能做“乘法”和“除法”以扬长避短，而后两者是站在更宏观、更高维的战略视角去审视数字化、制定数字化转型路径，从而实施精准的降维“打击”，创新业务模式，创造全新价值。

所谓“**加法**”，就是从提升运营效率的角度出发，通过数字化手段对场景应用、流程闭环、组织协同、人员能力等关键环节进行赋能，实现正向运营指标的全面提升。第一，增加细分场景，满足差异化运营需求。从集团大 B 端、品牌服务商的小 b 端再到消费者 C 端，立白着眼于订单处理、门店打造、促销触达和引流等业务场景，打造出“立购台”和“立客盈”等一系列相对应的数字化产品，跳脱出粗略的客群营销与专销商制度的桎梏，提升用户体验、实现精细化运营。第二，增加反馈环节，保障流程闭环，同时注意运营目标分解，实现管理上的高效决策、迭代。立白打造出独立的数据应用平台“数略云”，以经营积累的数据为基础，从决策、管理和执行等不同维度出发，进行如销量专题、供应专题和品牌专题等业务领域的深度分析。从数据的收集、分析到反馈，最终实现闭环迭代，反馈出集团经营问题并有效解决。通过自感知和自分析，从而达到自决策和自执行，让数据真正应用并转化成行业洞见，为立白的进一步决策提供价值参考，从而促进整个集团的健康发展。第三，增强组织内部跨职能沟通、协作。为此，立白推出“嘟嘟”平台，将多种业务全部接入线上。“嘟嘟”对立白员工与生态圈的合作伙伴实现了全覆盖，如今有将近 6 万使用者。在以往，立白的系统无法直接沟通到人，信息反馈慢、审批时间长等问题较为突出。而“嘟嘟”的应用可实时穿透业务与信息，各职能角色均可将业务需要直接集成在工作台上，实现沟通在线，更好地响应“沟通即业务，数据即能力”的数字化转型要求，提升工作效率。第四，增强人员数商水平。数字化转型凸显了智力资本的重要价值，在常规业务能力上更强调创造性思考与数字应用能力。对经销商，立白设有专业团队，以定期更新培训教材与先进销售案例，向全国范围的经销商进行分享，从产品、数字化营销和线上直播等各方面助力经销商伙伴运营，增强经销商与集团的黏性；而针对线下导购年龄相对偏大、对社群营销、企业微信使用等不够熟悉的问题，立白和腾讯智慧零售共同编写了一套适用于立白导购的培训材料，并以此为基础开展了一系列培训，将导购需要完成的任务拆解到每一个动作，提高执行效率。第五，增强对成熟数字技术应用的学习推广，同时探索数字新技术应用。从重构 IT 架构到数字化应用，立白为进行数字化革新打造了坚实的技术基础。在当下，立白勇立数字化时代潮头，坚持创新驱动发展。由集团投资开发的“立白科技园·IA谷”以新一代信息技术和人工智能科技为主导产业，着力打造立白集团的数字产业创新基地，探索数字技术应用的更多可能。

而“**减法**”是从减少组织、流程、IT系统与业务数字化不匹配产生的运营阻力的目的出发，通过数字化手段对其进行改造优化，减弱组织惰性，控制运营风险，从而实现负向运营指标（包括生产物流成本、获客成本、产品研发迭代周期、老客流失率等在内）的全面下降。第一，减少组织层级，缩短汇报链，改造传统垂直化、科层制、等级制为特征的组织架构。立白与其他传统企业相似，都曾面临家族式管理所带来的组织管理问题。为了疏通管理阻滞，立白对组织架构进行了大刀阔斧的改革，将原来链条式的组织朝网络化、扁平化的方向发展。立白对组织管理的“减法”卓有成效：在疫情爆发后，立白能以最快速度集合人力、研发、采购和生产等要素，为抗疫提供物资支持，并助力生态伙伴实现稳定的复工复产。第二，减少冗余流程环节，减少标准化流程中的人工参与，以再造流程。例如，在计费结算上，立白积极与专业团队合作，打通财务系统和开票系统，实现对账、开票、付款全流程闭环管理。通过大数据报表管理，准确反映业务及财务状况，实现单据线上化、可视化、无纸化，从而实现整个计费结算流程的全闭环和自动化。第三，减少数据孤岛，打通不同平台。立白曾经的IT信息化系统无法支撑业务的发展，尤其是多系统并存，造成数据不统一、接口混乱等问题，无法实现数据的互联互通。为此，立白把建设业务中台、技术中台、数据中台和移动平台这四大平台作为战略转型初期的核心任务，形成整合资源、信息互通、面向未来“敏态”的底座，打破各主体间的信息壁垒，让数字化更好赋能集团经营。

数字化的**“乘法”**即从开辟新业态、开发新产品和开拓新客户等角度出发，借助数字技术应用实现战略优化、商业模式的创新，创造新价值，跨越到第二增长曲线，从而实现基业长青的战略目标。战略优化、商业模式创新分为3个层次，分别是区域扩张、产业链整合、跨界创新。第一，要借助数字化实现区域扩张。立白在数字化前期即布局全国，完成了广大中小城市、农村的下沉渗透。但是对于其他区域性的、仅在局部地区进行运营的传统企业来说，利用数字化手段区域扩张极为重要。例如，链家是全国最大的房地产综合服务平台，而依托它新成立的贝壳找房则是借着平台转型的契机，加快了向外扩张的速度，起到放大镜的作用。第二，开放、协同的数字化平台深度赋能产业链上下游，实现高度有机的整合。立白正跳出传统日化企业的视角，努力进行平台化的探索。2021年推出的“日化智云”，是日化行业的全产业链服务的数智化赋能平台。日化智云以数字技术为基础，利用立白的优势资源，提供采购、OEM/原厂委托设计（original design manufacture，ODM）、通路运营等核心服务，赋能生态圈伙伴，尤其是帮助中小企业提升竞争力，依托平台做大做强，实现整个日化行业的共赢。在采购业务方面，日化智云为中小客户提供高品质原材料的整套供货支持方案，解决了中小客户的原料问题；在OEM/ODM方面，该平台聚集了100多名研发人才与20多家厂商进行合作，研发技术为客户提供高品质的定制产品，解决技术和质量问题；在通路运营方面，日化智云利用立白的成熟的销售渠道体系，为客户提供数字化营销方案，让线下的经销商网络及零售KA系统和线上的专业电商运营团队赋能客户的通路运营。第一批用户广州悦创实业有限公司的NVR上扬牙膏在获得了日化智云渠道资源后，表现不凡——超过1000家经销商覆盖国内区域，约30万家终端门店在进行高效运营，这一年轻的品牌跑出了黑马之势。当其他企业苦恼于C端的运营时，立白将客群扩展至B端，打破业内的资源壁垒和单线状态，既为自身拓展了业务内容，也赋能了更多中小企业的发展。二者在交流与合作的过程中能够激发出更多创新活力，从而实现整个行业的良性循环，共同探索商业模式的创新。第三，要跳脱原有行业视野，主动出击，挖掘跨行业的协同机会，实现跨界创新。例如，立白曾牵头发起“日化智云”平台产业平台，为行业伙伴提供采购交易、OEM/ODM、通路运营等数字化服务。基于日化智云，立白与儿童服饰领军品牌巴拉巴拉合作，通过提供一站式加工定制服务，推出与集团旗下高端亲肤洗涤品牌好爸爸联名的洗衣液新品，成功打造更具专业功效、更匹配人群的个性化小众爆品。在产业互联网平台的积极尝试为立白带来巨大的跨界合作机遇，立白从配方开发到新品投产上高效推进落地跨界思路，正在积极尝试延展品类。在此我们看到，与“加法”不同，“乘法”促成要素互相作用，即战略优化、模式创新、平台协同等，而且其导致的变量增量又对整体产生更为复杂的影响。

“除法”是在数字化转型过程中通过一系列战略手段，去除企业战略上的不必要的冗余、内外部条件限制和劣势，完成数字化的“新陈代谢”、“破茧成蝶”。第一，要通过生态协同的数字化手段规避掉原有竞争劣势。立白在数字化的“除法”上孜孜求索，在渠道上，曾经在线下优势尽显的专销商制度逐渐暴露出弊端，由于依靠复杂的人际关系起步，专销商形成了盘根错节的复杂利益网络，一度成为立白开展数字化转型的短板。为了突破渠道限制，立白积极与拼多多、美团优选等电商平台合作，借力拓展线上渠道与直播业务。充分利用合作伙伴庞大的流量池与广阔的覆盖面，立白进一步打通线上线下，更直接地触达消费者，满足消费者的多元化需求，更好地推进新品研发与投放。在一场与拼多多合作的直播活动中，累计 210 万网友涌入直播间拼购立白好货，留香珠等爆款秒空，迅速在平台“出圈”，吸引了更多消费者。通过做“除法”，立白发现了新赛道的潜力与生机，避免了对线下专销商制度的过度依赖，规避掉线下劣势，不仅加速了集团数字化转型的进程，也在激烈的日化行业竞争中开辟出了一番新天地。第二，更高维度上去除不必要的战略冗余，主动剥离、退出与主营业务不相关、优势不明显、发展潜力小且竞争激烈的业务，从而实现从红海跨越到蓝海。虽然立白在这一层面的“除法”上还需进一步发力，但商业史上不乏脍炙人口的经典案例。例如：奈飞（Netflix）剥离线下 DVD 租赁业务全面转战线上，从传统企业脱胎换骨成为互联网企业中的佼佼者；IBM 有预见性地把即将走向衰退的 PC 等传统业务剥离出去，把主要精力集中在空间较大的 IT 服务等领域，为这一百年 IT 巨头蓄满未来发展动能。“少即是多”（Less is more），借助数字化转型工具和思维，从战略视角去除战略冗余，始终坚持做正确的事（Do right things），这或许是数字化转型最重要的战略价值。

数字化转型方兴未艾。当前，众多的中国传统企业都在试图抓住数字化带来的机遇，而立白的经验给广大将要或正在推进数字化转型的传统企业带来了有益启示：在数字化时代企业需善用“加减乘除”法，在强基固本、厚植深耕的基础上发挥自身的主观能动性，降本增效，扬长避短，才能走出一条普适又独一无二的数字化转型之道，制胜未来。

后记

POSTSCRIPT

广州塔上，我们纵目远眺，心潮澎湃。珠江由此东向而南折，形成弯曲，浩荡而下，直至江海连天，海阔潮平。回首深圳、东莞、佛山、广州，6 年之中两次深度参访，一路行来，无论我们参访哪家企业，都仿佛徜徉在时光的长廊，遍览到的是一派争分夺秒、欣欣向荣。如今我们重访此地，更加深有感触：粤港澳大湾区的蓬勃发展是中国改革开放的一个缩影；大湾区企业的艰辛成长之路也折射出中国同类型企业在 40 多年改革开放中奋斗拼搏的历程。我们在 2021 年 10 月的参访中精心选择了 7 家各具特性和代表性的企业和组织。如您所看到的，它们的发展过程和成功之道虽然不尽相同，但它们却集中反映出改革开放以来当代中国企业的许多共同特质。在这本书的结尾，我们对此也尝试做出一些总结。

第一，胸怀大志而非小富即安。中国当代企业亦如人格化的当代中国人，努力、韧性、求实、奋争，具有与生俱来的家国情怀和时代责任感。改革开放以来，许多中国企业家从事经营管理往往都胸怀产业报国的宏伟志向，“志不求易者成，事不避难者进”，这一中国式管理特色在大湾区企业的发展中表现得尤为突出。例如：巨型互联网企业腾讯致力于构建共赢生态与创业文化完美统一的平台战略，旨在实现“科技向善”的宏愿；民营企业航盛电子通过践履“科技创新，文化护航”的理念，打造“332·118”战略，以心系国家产业的勇气和恒心，努力达成“中国博世之梦”的产业报国理想；传统行业企业立白则以“健康幸福每一家”为使命，以“世界名牌，百年立白”为愿景，转型发展，制胜未来；国有通信设备企业中兴通讯在2018年遭遇“制裁”岌岌可危之际，不但全体员工同舟共济、共克时艰，已退隐数年的企业创建者也临危受命，再出东山，力挽狂澜，体现出老一辈企业家的拳拳爱国情怀……也正是这样一批新老企业家拥有产业报国的赤子之心，才推动像中兴通讯等众多中国企业，在实现振兴民族产业、屹立世界企业之林的梦想道路上不懈前行。中国式管理所蕴涵的拳拳报国之志，与自古至今我们民族血脉中所流淌的深厚家国情怀密切相关。

第二，把握大势而缓急适度。古人云：“登高而招，臂非加长也，而见者远；顺风而呼，声非加疾也，而闻者彰。”企业经营管理若要取得成功，制定战略、谋划发展的首要前提必是善于把握、顺应大的趋势和潮流。而把握大势、大局、潮流正是这些大湾区企业的重要特点，这也折射出中国式管理的一大特征。腾讯在互联网方兴未艾之际，抓住互联网发展趋势及有利条件，乘势而上，捷足先登，打造出QQ这一爆款产品，开启了平台战略；之后又把握住移动互联时代来临的时代大潮，构造出微信这一著名的产品及平台。那么，何时入局？这需要对时机有清晰的洞烛，当快则快，当缓则缓。腾讯在推出QQ时，先声夺人，在缔造微信时则后发先至，充分显示出其对局面、机会的明察，缓急把握恰到好处。又比如，中兴通讯已看清全球化大势，很早就制定了三大核心战略之一的海外市场战略，即从市场竞争力相对薄弱的发展中国家入手；但在具体的入局时机和入局方式的选择与把握上，它先锁定尼泊尔市场并全力出击，而在印度市场时则先物色代理以合作方式进入，以待日后再寻机深度参与。这些企业终获成功，足见是善于洞见大势、掌控入局时机、拿捏轻重缓急的高手。

第三，持续创新而不墨守成规。创新是大湾区的核心引擎，这一特点在这些企业中都有鲜明的体现，实际上也是当代中国企业的共性特征。比如，中兴通讯自主创新之路走得坚定有力：1999 年踏上 CDMA 产品的研发历程，2001 年后稳居国内 CDMA 第一品牌，后又在 3G 到 5G 标准制定的激烈竞争中脱颖而出，实现了自主 3G 标准及设备商用，进入 4G 时代，其技术专利已实现局部领先，在 5G 时代更成为行业领跑者。其创新不仅体现在技术方面，还体现在管理体制改革和机制变革上，其首创了“国有控股，授权（民营）经营”的模式，成为混合所有制改革的成功典范。前海自贸区则努力打造粤港澳大湾区全面深化改革创新试验平台，截至 2021 年 11 月，前海管理局在贸易自由化、投资便利化、金融开放等方面累计推出制度创新成果 685 项，充分发挥了作为全面深化改革、扩大开放的试验田作用。立白于 20 世纪 90 年代认识到，当时通行的垫付货款的经销商机制存在弊端，从而率先构建了独具特色的专销商制度，而当其机制渐趋僵化时，又绝不拘俗守常，而是应变求变，在数字化转型道路上迈开传统企业的转型新步伐。

第四，虽居本土一隅而有国际视野。习近平总书记曾指出：“做企业、做事业不是仅仅赚几个钱的问题。实实在在、心无旁骛做实业，这是本分。”这些大湾区企业凭临辽阔的南海，地处中国南端一隅，烙印着中华民族坚守本分的特质，聚焦自身发展，兼具国际视野，既脚踏实地，又仰望星空，也形成了中国式管理的独有色彩。例如，作为大湾区中小企业本分管理的代表，长期以来，航盛电子秉持着对本分的执着坚守，深耕于汽车电子市场，促成了“三借”出海的国际化战略。vivo 则以“本分”为公司品牌文化，将做好分内之事的价值观贯彻到底，并推广到印度等海外市场，从而赢得了国际市场的尊重和认可。在坚守本分、初心的同时，中国企业并未固步自封，它们好学而敏，提升自身实力以求后发先至，立于竞争激烈的市场之林。

第五，和合协同而不过度依赖。中国文化强调“和而不同”，和合协同主张开放共赢、共生、共存，集中体现了共享价值——非零和博弈；拒绝过度依赖则表明了中国企业的自我定位与自主发展方向，也铸就了中国式管理的又一个特色。立足深港合作的基础，前海合作区积极促进粤港澳大湾区城市相互协同、差异化发展，并将合作范围从深港两地乃至大湾区城市合作推广至全国自贸区、高新区，创造共赢价值；TCL 华星光电在技术路径的选择上实施迂回战略，既避免与外商对手在其擅长领域展开恶性竞争，又与外商伙伴在良性竞争中合作、共生发展，开发出极具竞争力的合作产品；立白研发“不发热”洗衣粉，打出“不伤手”概念，开辟农村市场，使国产洗涤品牌首次拥有了产品上的差异化优势，同时避开了外商挤压的强势锋芒，在实践中和而不同、异而不争，获得长足发展。“合则两利，斗则俱损”，和合协同的精神抑制了资本之无序竞争，为企业拓展了更广阔的战略发展空间。

大湾区企业拼搏奋斗、敢为人先的发展历程像嘹亮的号角，激励了无数中国企业家秉承与众不同的中国式管理，克服困难，迎难而上，砥砺而行，创造出了一个又一个中国奇迹。面对这些年日益复杂的国内外环境，大湾区企业努力解决困扰自身发展的各种难题，锐意进取，主动求变，不断推进新旧动能转换，持续发挥创新的核心引擎作用，在百年未有之大变局中展开风帆，顺势而为，乘势而上。展望未来，大湾区企业将接续改革开放40余年的经验积累竿头直上，在新时代引领下更上层楼。然而未来任重道远，这也给大湾区企业提出了更高要求。

一要坚持高质量发展。习近平总书记指出："珠三角地区已初步走上高质量发展的轨道。"① 我们真切地看到，各企业普遍重视践行高质量发展的要求。这些企业之所以在各自领域克服艰难，创出佳绩，在很大程度上是因为坚持了"创新、协调、绿色、开放、共享"的新发展理念，并为其高质量发展提供了不竭的动力源泉。可以说，这些企业所体现的中国企业管理特质已成为习近平经济思想在大湾区的重要实践例证与总结。在百年未有之大变局下，国内国际环境正在发生深刻变化，生存发展是大湾区企业面临的重要课题。这些企业在挑战面前，只有坚持高质量发展，增强核心竞争力，才能以昂扬姿态雄立于世界企业之林。

二要坚持区域协调发展的思路。粤港澳大湾区企业的未来发展必然要考虑与该区域的总体协调发展相适应。习近平总书记指出："我国经济由高速增长阶段转向高质量发展阶段，对区域协调发展提出了新的要求，不能简单要求各地区在经济发展上达到同一水平，而是要根据各地区的条件，走合理分工，优化发展的路子。要形成几个能够带动全国高质量发展的新动力源，其中就包括珠三角地区要在发展中促进相对平衡，这是区域协调发展的辩证法。"② 这就要充分发挥大湾区企业市场资源配置效率高、创新发展动力强等比较优势，带动区域内总量经济的跃升，以促进区域协调发展，促进经济社会发展的全面转型升

① 习近平．推动形成优势互补高质量发展的区域经济布局．2019-08-26.

② 同①。

级，进一步巩固和提升这一国家级发展区域的战略意义和价值。

三要继续发挥市场经济的示范引领作用。改革开放伊始，包括深圳经济特区在内的珠三角地区就一直发挥排头兵、先行地、试验田的先行先试作用，利用毗邻港澳的区位优势，带动内地经济发展。如今大湾区经济迅猛发展，翻开新的一页，要促进粤港澳经济一体化，促使港澳积极主动融入国家发展大局。在这一过程中，要持续发挥大湾区在市场经济方面独有的示范引领作用，包括推动香港—深圳极点势能及辐射带动珠江西岸、东岸发展，有效整合粤港澳及其所维系的海内外多样资源，从而大幅提升粤港澳大湾区的全球影响力及竞争力，并通过与境内其他地区企业的合作交流，在中国国内经济版图中更充分地发挥带动引领作用。

如今，在博大精深的习近平新时代中国特色社会主义思想指引下，大湾区企业刻下了深深的新时代烙印。新时代的中国式企业管理也被赋予了更深刻的内涵，既有习近平新时代中国特色社会主义思想的指导，又有中国传统精神气质和文化的继承，既是一种传承又是一种发扬。继往开来，秉承“善持者胜，以强为弱”理念的中国企业被赋予了一往无前的强大信心和动力。

“知行合一 • 产业探究”课程对大湾区的第二次调研结束了，而清华大学国有资产管理研究院对大湾区区域战略的深入思考却刚刚有了一个值得期待的良好开端。在我们头脑中，大湾区的全貌似乎也更加清晰：这是一方改革创新的新定位，这是一幅图景壮丽的大格局，这是一台激发创新活力的强引擎。海阔潮平，风帆正扬，大湾区企业谐音共律，共同奏响新时代中国区域经济发展的新华章！

2022 年 10 月 17 日